あそびで育てるクラスづくり

北川雄一［著］

JN048309

明治図書

はじめに

「レクで学級をHappyに！」

これが僕のモットーです。

数多くある教育書の中から、本書を手に取ってくださりありがとうございます。

この本を手に取ってくださったあなたは、

「クラスが荒れてしまい、不安を抱えている」

「もっと子供たちの笑顔を見たいと思っているのに、つい怒ってしまう」

「学級経営をするうえで柱となるものがなくて、悩んでいる」

「助け合いや高め合いができるクラスをつくりたいが、やり方がわからない」


こんなことを感じて日々悩んでいるかもしれません。

もしそうであれば、間違いなく、本書があなたのお役に立てると思います。

僕は大学で野外教育を学ぶ研究会に出合ったことで、「体験すること」の大切さを強く感じるようになりました。滝に打たれながら沢登りをしたこと、71・5km の山岳耐久レースを完走したこと、自転車で日本を縦断したこと。そんな体験から自己と向き合い、仲間の存在の大きさや温かさを感じ、自分がどうありたいのかを探していきました。まさに「体験」が、自分というものを形作っていったのです。そんな「体験」の力を教育に生かしたいと思い、その後も野外教育や冒険教育について研究し、実践を重ねてきました。

教員向けの「あそび」に関する本といえば、レクやゲームの例を次々と紹介しているものが一般的ではないでしょうか。読んで「あっ、これおもしろそう」と感じたものをいくつか試し、子供たちも楽しんで、「またやろうね！」と終わる。そんな感じでしょうか。

本書ではさらに一歩踏み込んで、「どんなねらいをもってあそぶのか、どのように学級経営につなげていくのか」という**「あそび×学級経営」**について、とことん追究しました。

「もし僕が初任者と組んだら、どんなことを伝えるか」

そんなことを考えながら執筆しました。あそびの内容も、ルールが簡単だったり準備が不要だったりと、慣れていない人でも指導しやすいものを多く選びました。

　あそんでいるときの子供は、いきいきしています。やる気に満ちています。いろいろなことにチャレンジしようとします。そして人生の大切なことをたくさん学んでいきます。僕は、そんな子供を１人でも多く増やしたいと思っています。子供たちが笑顔の教室は、先生も笑顔です。この本が、日頃から学級経営に悩み、奮闘している先生たちの力になれば幸いです。ぜひ何度も読んで、実践してほしいと思います。読んでいて「もっと知りたい」ということが出てきた際には、巻末の参考文献にも手を伸ばしてみてください。

　さあ、学級あそびをはじめましょう！

※本書で紹介しているあそびのワークシートを、
下記からダウンロードすることができます。
ぜひご活用ください。

２０２４年２月

北川雄一

もくじ
Contents

第2章　よい生活習慣をつくる

第3章　コミュニケーションを深める

第4章 日々の授業をより楽しむ

第5章 授業のすきま時間を楽しむ

第6章 心理的安全性を高める

序章
あそびで育てるクラスづくり
5つのポイント

1　ねらいをもって活動する

学級づくりにおいて、あそびは大きな強みになります。それは、子供はあそびを通して様々なことを学ぶからです。

あそびは学びの原点です。学級でのあそびは、3つの間（時間、空間、仲間）が足りなくなり、1人であそぶことが多くなった子供たちに「仲間とあそぶ」という機会を提供して成長につなげてくれます。

しかし、教師が「ねらい」を明確にもっていないと、その効果は半減してしまいます。

皆さんにまず伝えたいのは、学級あそびをすること自体が「目的」ではないということです。**学級あそびは、よりよいクラスをつくったり子供たちが成長したりするための「手段」**です。

あそびを通して子供たちにどんな力をつけたいのか、どう成長してほしいのかといった教師の思いを大切にしてほしいと思います。子供たちにも、そのあそびのねらいやゴールを伝えてから活動するとよいでしょう（もちろん、「とにかく楽しむ」ということがねらい、ということもあり得ます）。

経験が少なく、学級経営に自信がもてないという先生方には、**休み時間に子供たちと一緒にあそぶ**こともおすすめします。

子供たちはあそんでくれる先生が大好きです。家に帰ってからも休み時間のことを話すので、保護者からの印象もよくなります。１日20～30分の投資でリターンは絶大です（特に４～５月は効果が高いです）。

若い先生には「若さ」という強みがあります。自分の強みを上手に生かしてください。その際は、今日は校庭でドッジボール、明日は教室でおしゃべり…のように、いろいろな子たちと関わることが大切です。「先生はいつも同じメンバーとサッカーばかりしていて、私たちとはあそんでくれない」などと思われたら、せっかくのあそびが逆効果になってしまいます。**元気な子もおとなしい子も、みんなを平等に扱う**ことを心がけてください。

あそびに先生が入ることには、普段関わり合いが少ない子供同士をつなぐというメリットもあります。

2　教師はファシリテーターとして関わる

学級あそびをしていくうえで気をつけてほしいことがあります。それは、「先生が楽しいことを用意してくれるから、僕たちは待っていればいい」と、子供たちをエサを待つ鳥のヒナのようにしてしまわないことです。**学級の中心は、教師ではなく子供たち**です。

特に若い先生方の中には、子供たちの先頭に立ってグイグイ引っ張る姿がよいと思っている方もいるかもしれません。しかし、常に教師が先頭に立ってリードするのは、本当によいことなのでしょうか。子供たちを信じて傍に立ちチャレンジを後押しする、子供たちと一緒にゴールを目指す、そんな姿も必要ではないでしょうか。

教師には様々な役割がありますが（次ページ図参照）、僕が学級経営をしていくうえで大切にしているのが、**ティーチャーとしてよりもファシリテーターとして多く関わる**ということです。ファシリテーター（facilitator）は、促す人、物事を容易にする人、○○しやすくする人、のように訳されます。リーダーではなくサポーターという立場で子供たち

場面別　教師の役割

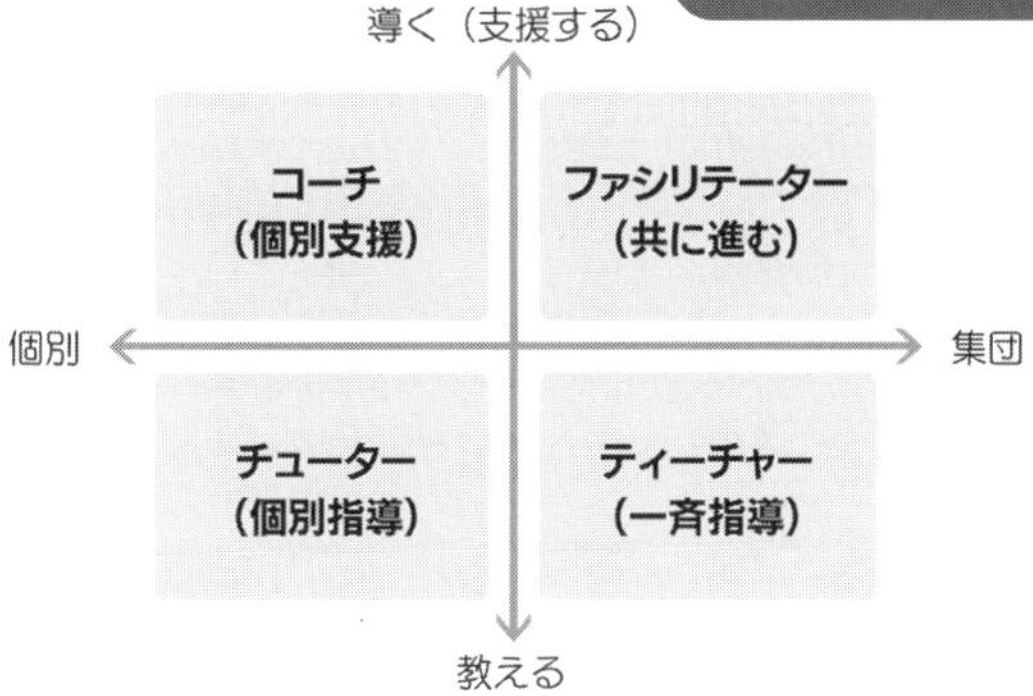

が学びやすくなる、思考しやすくなる、話しやすくなるように支援していきます。

学習でもあそびでも、すぐに答えを与えてしまうのではなく、子供たち自身が考えて行動できるように**「信じて、待つ」**ことを一番に意識したいものです。また、その他のポイントとして、「教え過ぎない」「子供たちが自ら学ぶことを促す」「結果ではなく、過程を重視する」「全員の意見を尊重し、安心安全な場をつくる」「振り返りを促し、次の学びにつなげる」なども心がけていきます。

ファシリテーションの詳しい技術については、とてもここに書ききることはできません。詳しくは専門の書籍をお読みいただけたらと思います。

3　何を、いつやるのかを意識する

学級あそびを行ううえで、「何を、いつやるのか」という選択や組み立てはとても重要です。

最も気にかけたいのは、**「メンバーがどのぐらい親しい関係なのか」**ということです。例えば、クラス替えのあった新学期の一番はじめに、高学年で手をつないだり身体を持ち上げたりするような活動を行っても、子供が抵抗感を示すのは当然でしょう。段階を経てからであれば達成できることでも、順番を間違えてしまうと、達成できないばかりか、「二度とやりたくない」と思われかねません。活動の段階を踏んでいくことが大切です。

はじめは**「アイスブレイク」**と言われる、お互いを知り合ったり身体をほぐしたりと気軽にできるものから行います。慣れてきたところで、**「ディインヒビタイザー」**という、少しレベルが高い活動をします。これは、ちょっとはずかしいかなというような動きをするあそびが多いのが特徴で、安心感や他のメンバーに対する親しみを生むことができます。

「トラスト」の活動では、相手を信じる活動を通して、信頼感をさらに高めていく効果があります。「イニシアティブ」は、ある課題をみんなの力を使って解決していく活動です。みんなで協力しなければ達成できないような課題にチャレンジしていきます。

便宜上この順番で紹介しましたが、必ずしもこの順に進めなくても構いません。子供たちが自然と打ち解けていき、最後は仲間としての絆を強められるよう、あそびの時期や内容を組み合わせてください。なお、本書では活動レベルが低いものを1～3章に、その後6～8章にかけて少しずつレベルが上がっていくような構成になっています。

知っているあそびは多ければ多いほどよいです。それはクラスに今何が必要かを考え、それに最も合ったあそびを選べるからです。本書では多数のあそびを紹介していますが、中にはピンとこないものもあるでしょう（それが当たり前だと思います）。他の本やインターネットなども参考にすると、より自分に合ったあそびが見つかると思います。

次に「いつやるのか」についてもう少し焦点を絞ります。僕が普段の学校生活の中で行う学級あそびには、大きく2パターンあります。

1つ目は、45分間使うような長めのあそびです。これは、月に1回程度、学級活動の時間に行うと決め、年間で10回ほど計画しておきます。僕の学級経営の肝とも言える活動です。2つ目は、5~10分程度でできる短めのあそびです。こちらは、授業のちょっとしたすきま時間や、体育の準備運動の一環としてなど、通年で行っています。

なお、休み時間に全員参加のクラスあそびはしないようにしています。レク係の子供たちがクラスあそびを計画する場合もあると思いますが、**休み時間は子供たちが自由に過ごすことができる時間**です。「ドッジボールは苦手だからやりたくない」「今日はゆっくり本を読みたい」という子たちの気持ちもわかります。あくまで参加するかしないかは自由だということ、参加しないからといって文句を言わないことなどを確認しておきましょう。

本書では紹介できなかったのですが、僕の学級では毎日百人一首にも取り組んでいます。国語の時間にやることが多いのですが、慣れれば3分ほどで1試合することができます。楽しみながら、「賢くなる」「仲が良くなる」「心が強くなる」とメリットが多くありますので、興味があれば調べてみてください。

4　振り返りを大切にする

活動が成功しても失敗しても、それを今後にどう生かすかが大切です。振り返りは、活動からの気づきや学びを整理し、次の活動や日常生活へつなぐパイプ的な役割を果たします。どんなことがあったのか、そこから気づいたことは何なのかなどを振り返ることで、単に「楽しかった」で終わらせることなく、「体験からの学び」を得ることができます。さらに、その学びを今後どう使うか、どう生かしていくかというところまで考えられたら最高です。

大切なのは「共に学ぶ仲間がいる」ということです。互いの考えをシェアすることで、自分だけでは気づけなかったことに気づき、意見を交換し合って高めていくことができます。１人でじっくり考えたり、ワークシートや日記に書いたり、グループや全体で話し合ったりと、方法も様々なものがあります。いつも同じだと飽きがきてしまいますから、クラスの様子や活動によって工夫してみてください。

振り返りをする際の声かけ例

「どんなことがあった？」

「どうして楽しかったの？」

「どうしてうまくいった（いかなかった）の？」

「意識していたことは何かな？」

「成功するために必要なことは？」

「今日学んだことは？」

「次に生かしたいことは？」


そして、**振り返りがあるからこそ、学級あそびに失敗はない**と思っています。時にはけんかになってしまったり、教師が叱って終わったりすることもあるでしょう。そんなときも、「なぜこうなったのか」「同じようなことが起こったら、次はどうしたらよいか」と考えるのです。

僕が子供たちに失敗したことを振り返る大切さを語るときは、スポーツやゲームを例に出します。チャンスでシュートを外してしまったら、「どうして外してしまったのか」「次はどうすれば決められるのか」を考えます。そして、いろいろ試したり練習したりして成長していきます。ＴＶゲームだって、勉強だって同じです。「失敗は成長するためのキーアイテムなんだよ」と話します。

そうやって、失敗することをポジティブに考えられるようになると、さらに成長していくことができます。

５　自分の「得意」に、あそびをプラスする

この本は「学級あそびを活用した学級経営」がテーマですが、すべてを実践しようとしなくてもよいと思います。

人には向き不向きや得意不得意分野があり、何をメインに学級経営をするかは人それぞれです。僕にとって得意分野は「あそび（レクリエーション）」なのですが、体育や算数のような教科指導を柱として学級経営をする先生もいますし、行事に力を入れる先生や、学級通信を毎日書くことで学級を育てる先生もいます。海外好きで、様々な授業で旅先の話を伝えている先生もいました。僕の恩師は、けん玉や折り紙などの昔あそびが得意で、よくけん玉検定をしてくれました。今思えば、けん玉を通して学級経営をしていたのだと思います。

大切なのは、**「これなら大抵の人には負けない、大好きで続けられる」といったものをもち、それで勝負する**ことだと思います。

自分が何を軸に学級経営をしていくのか、一度ゆっくりと考えてみてください。（「何も

思いつかないよ」という方は、あそび（レクリエーション）を選んでみてはいかがでしょうか。そして、あそびがエッセンスとなって、みなさんの学級経営に役立ってくれたらうれしいです。

第1章
出会う、知り合う

担任の先生のことを知る【自己紹介クイズ】

おすすめ学年		
低学年	中学年	高学年

新年度、子供たちは楽しみな気持ち半分、不安な気持ち半分で登校します。新しい友だちや担任との出会いとなる学級開き。この年に1回のチャンスを大切にしたいものです。

僕の勤めている自治体では、始業式と入学式が同じ日ということもあり、初日に子供たちと過ごせる時間は15分程度しかありません。この短い時間で、子供たちの印象に残って、インパクトのある自己紹介をする必要があります。

なぜなら初日の帰宅後、ほとんどの保護者がこう尋ねるからです。

「担任の先生、どうだった?」

ここで「楽しそう」「おもしろそう」といった言葉が子供の口から出てくれば、自己紹介は大成功です。**人の印象を変えるのは難しいもの**です。最初に保護者によい印象をもってもらうことを意識しましょう。

クイズなら、楽しみながら担任のことを知ってもらえます。正解発表でさらに詳しく話すこともできますし、**「今日の宿題は、家の人に今のクイズを出すこと」とすれば、保護者との距離も近づきます。**

特に伝えたいのが趣味や特技です。「これなら自信がある！」「だれにも負けないくらい好き！」「このことについてはめちゃくちゃ詳しい」といったものを、１つでよいので紹介しましょう。子供たちが「すごい！」「おもしろい！」と感じれば、それはそのまま信頼へとつながるからです。

ちなみに「こんな学級にしたい」「こんなことは叱ります」といった学級経営方針は、翌日以降に時間を取ってゆっくり話すようにしています。

【ポイント】

・全員が１問は正解するような問題構成にしましょう。ユーモアも大切です。

・ペアやグループで相談することで、対話の場とすることもできます。

正解だと思う番号を指で出してください。せーの！　おっ、②が多いですね。④もちらほら（笑）

正解は…、③スキーです！　実は、学校の先生になる前はスキーの先生をしていたんですよ。だからスキーは大得意です。コブコブも滑れますよ！

へぇ〜、そうなんだぁ！

第3問！　僕の趣味は何でしょう？
①ピアノ　②読書　③筋トレ　④YouTube
この問題は、近くの人と相談していいですよ。

え〜、どれだと思う？

ピアノは弾きそうにないよね。筋トレかなぁ？

はい、じゃあ番号を出してください。せーの！

正解は…、②です！　意外でしたか？　1年に100冊以上読むんだよ。最近印象に残っている本は…

たくさん読むんだなぁ。その本、おもしろそう！

（中略）全問正解だった人？　おめでとう、みんな拍手〜！　では、今日の宿題は、今のクイズをおうちの人に出すことです！　「北川先生ってこんな先生だよ！」って伝えてくださいね。

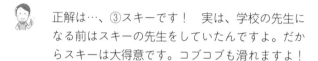

自己紹介クイズ

■準備物

特になし（クイズの問題を考えておく）

1　イントロダクション

○年○組の担任になりました、北川です。皆さんの担任になれてうれしいです。1年間よろしくね。さっそくですが、僕の自己紹介クイズをします。拍手～！　全部で○問出しますね。

2　クイズを楽しむ

第1問！　僕は、このクラスの担任になれてわくわくしている。○か×か。簡単すぎるかなー？両手で○か×をつくってください。せーの！

マルマルマルマル…全員○だね。正解は…、○です！　一緒に、すてきなクラスをつくっていきましょうね！　この「一緒に」っていうのがポイントだよ。僕だけですてきなクラスはつくれないんだ。みんなでつくっていこうね。

では、第2問。僕の得意なスポーツは何？
①柔道　②サッカー　③スキー　④eスポーツ

お互いの名前を覚える【となりのとなり】

おすすめ学年		
低学年	中学年	高学年

4月。クラス替え等で新しいメンバーになると、まずやることが「自己紹介」ですよね。名前を覚えることは、お互いのことを知り、仲良くなるための第一歩。子供たちも先生も、早くみんなの名前や好きなことを知りたいと思うものです。

名前を呼ぶときに意識したいのが、**全員の呼び方を統一することです。**僕は必ず、「苗字＋さん」で呼ぶことにしていますが、これは「担任として、全員を平等に見ているよ」という暗黙のメッセージです。例えば、元気のある男の子はニックネーム、女の子は下の名前＋ちゃん、いつも叱られている子は苗字で呼び捨て…、このような対応では、子供たちの信頼を得ることは難しいでしょう。「先生はだれに対しても同じように接してくれるよね」。これが、子供たちの安心感につながります。

　このあそび「となりのとなり」では、後になればなるほど呼ぶ名前が多くなり、難易度が上がります。どこかで止まってしまうこともあるでしょう。そんなときは、まわりの人がそっと教えてあげます。わからないときに教え合うことで、助け合いのすばらしさも体験することができます。
　みんなの名前を反復して何度も聞くので、きっとすぐに覚えてしまうでしょう。

【ポイント】
・人数は20人ぐらいまでとし、それ以上の場合は２組に分けるとよいでしょう。
・グループをシャッフルしたり並び順を変えたりして繰り返すのもおすすめです。
・同じ目的の別のあそびに「ネームトス」「マイフェイバリット」などがあります。

【バリエーション】
①自己紹介をするとき、同時に何かのポーズをする。（ピース、サムズアップなど）
②名前＋好きなものを言う。（「ハンバーガーが好きな、北川です」）
③上記２つを同時に行う。（ポーズをしながら、好きなものと名前を言う）

2　ゲームを行う

僕の番だ！　Aさんの隣の、Bさんの隣の、Cさんの隣の、…えっと、何だっけ？

Dさんだよ。

Cさん、ありがとう。困っているときにさっと助けてあげられてすてきだね。

さあ最後は再びAさんです。隣の人からぐるっと一周、挑戦してみましょうか。

Bさんの隣の、Cさんの隣の…、…Mさんの隣の、Nさんの隣の、Oさんの隣の、Aです！

すごい！　みんなで拍手～！

となりのとなり

■準備物

特になし

1　ルールを理解する

全員いすを持って輪になり、内側を向いて座りましょう！

新しいクラスになったから、全員の名前はまだ覚えていないかもしれないね。今から、ゲームで一気に覚えちゃいましょう！　では、最初に出席番号１番の人、立って名前を教えてください。

Ａです！

ありがとう。じゃあ、次の人は、「Ａさんの隣の」に続けて自分の名前を言いましょう。

Ａさんの隣の、Ｂです！

この先の人も、最初の「Ａさんの隣の」から始めます。つまり後になるほど、名前が多くなって難しくなっていきますよ。もし途中で忘れちゃったら、近くの人がそっと教えてあげてね。

心をほぐす【ジャンタッチ】【セブンイレブンじゃんけん】

おすすめ学年		
低学年	中学年	高学年

4月の学級づくりで最も大切なのは、**クラスの子供たちを安心させること**だと思います。新しい学級になり、お互いの名前を覚えてもまだ、子供たちは「みんなと仲良くなれるかな」「クラスの中で浮いてしまわないかな」と不安を抱えています。

その不安や緊張をほぐすために、最初の2週間で、意識的にミニゲームをたくさん行います。特に、じゃんけんを使ったあそびはバリエーションが多く、教室で簡単に短い時間であそべます。**新しい関係でも気軽にできるのでおすすめ**です。

授業でプリントを配るときなどにも「班でじゃんけんをして、2番目に勝った人が取りに来てください」のように、子供同士がコミュニケーションをたくさん取れるようにします。子供たちは、一緒にゲームを楽しむことで緊張感をほぐし、どんどん仲良くなっていきます。

ゲームをしているときに大切なのは、**教師も一緒に楽しみながら、その一方で熱中し過ぎずに子供たち一人ひとりをよく見るようにすることです。**だれが声をかけていたか、孤立している子はいなかったか、同じグループ同士でしか交流していない子はいなかったか、男女のふれあいはあるかなど、子供たちの関係性を観察します。そこで見つかった課題に沿って、次の活動を考えていきます。

【ポイント】

・男女がうまく混ざってあそべないときは、無理やり男女混合にはせず、まずは男子同士、女子同士でもよいこととします。そのうえで、「次は、５人中２人は異性とやってみよう」などと、少しずつチャレンジレベルを上げていきます。

・同じ目的のあそびに「じゃんけんチャンピオン」「ガンマンじゃんけん」などがあります。

2　セブンイレブンじゃんけん

今度のじゃんけんは、「セブンイレブンじゃんけん」といいます。指で0～5の数字のどれかを出して、2人合わせて「7」になったら成功です。「7」ができるまで何度でも挑戦します。できたら「イエーイ」とハイタッチ。さぁ、何人と成功できるかな。

よーし、10人を目指すぞ！

ここまで～。次はレベルアップして「11」を目指します。両手で0～10まで出していいですよ。3人や4人でも挑戦できますね。相手がいない子を見つけたら、どんどん声をかけて一緒にやってみよう！　男女が混ざってできたら最高だなぁ。
では、よーい、ドン！

ジャンタッチ
セブンイレブンじゃんけん

■準備物

特になし

1　ジャンタッチ

みんなにもっと仲良くなってほしいので、今からゲームをします！　ペアでじゃんけんをして、勝った人は右手、負けた人は左手、あいこだったら両手でタッチをします。タッチするときは、「イエーイ！」と言いましょう。慣れてきたら、スピードアップしてもいいですよ。

じゃんけん、ポン、イエーイ！　じゃんけん、ポン、イエーイ！　速くやるのは結構難しい…。

では、別のペアをつくって繰り返してみましょう。同じペアで５回じゃんけんをしたら「バイバーイ！」とあいさつして別れます。普段仲良くしている人だけでなく、いろんな人とじゃんけんするようにチャレンジしてみましょう。

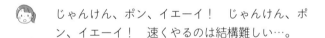

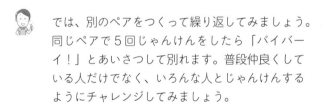

じゃんけん、ポン、イエーイ！　じゃんけん、ポン、イエーイ！…
じゃあバイバーイ！　次、〇〇さん、やろう！

体をほぐす
【みんなおに】【氷おに】【ナースおに】

おすすめ学年		
低学年	中学年	高学年

教室で手軽にできるじゃんけんあそびなどと並行して、校庭や体育館で体を動かすあそびも行ってみましょう。心と体はつながっていますから、思いっきり体を動かして汗をかきながらあそぶと、それだけで心の距離も縮まっていきます。おすすめは、ルールが簡単で、すぐに楽しめる「おにごっこ」です。おにがタッチすることで、自然と身体接触が起こることもメリットです。

おにごっこにもたくさんのバリエーションがありますが、意識したいのは**全員が楽しめること**です。広い場所で行うと、足の速さで勝負が決まってしまい、楽しめない子も出てきます。**範囲を決めて狭めのコートにすることで捕まえやすくなりますし、いつ追いかけられるかというドキドキ感も増します。**おにを複数にするのも効果的です。

ところで「学級みんなで外に出てあそぼう」と言うと、「ドッジボールがいい」という声が上がることがよくあります。しかし、ドッジボールは得意な子だけがボールを投げ、苦手な子は逃げるだけになりがちです。痛い思いをしたり、勝ち負けにこだわってトラブルになったりする危険性もあります。もちろん、ルールの工夫次第で全員が楽しむこともできるので、**やる前に「全員が楽しめるか」を子供たちと話してみるのがよい**でしょう。

子供たちの緊張した状態をほぐすことを、「かたい氷を溶かす」という意味で「アイスブレイク」といいます。アイスブレイクのあそびは本当にたくさんあるので、他にも、本やインターネットなどを活用して、子供たちに合ったあそびを見つけてみてください。

【ポイント】

・範囲は30人でバスケットボールコートぐらいが目安です。
・早歩き限定で行うことで、足の速さにかかわらずに楽しむこともできます。
・ナースおにでぬいぐるみを渡す子は、おとなしめの子や運動が苦手な子がおすすめです。

3　ナースおに

今度は助けてあげられる人を限定しますね。途中で３人の人にぬいぐるみを渡します。渡された人はナースになります。アウトになった人にぬいぐるみでタッチして助けてあげてね。助けてもらったら、ちゃんとお礼を言うんですよ。それから、おにの人たちは、ナースにはタッチできません。

あのぬいぐるみかわいい〜。助ける人やりたい！

では、よーい、ドン！　○○さん、ナースになってね。△△さんも、ぬいぐるみをどうぞ。

助けてー！　あっ、○○さんありがとう！

どういたしまして！
たくさんお礼を言ってもらえてうれしいな。

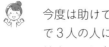

みんなおに、氷おに ナースおに

■準備物

ぬいぐるみ3～4個（ナースおに）

1　みんなおに

今日もみんなで楽しくあそぼう！　はじめは「みんなおに」です。全員おにで、全員逃げます。だれかにタッチされたらその場にしゃがんでください。同時タッチは2人とも座ります。スタート！

あ～、あっという間にタッチされちゃった。

はい、ここまで！　残っていた人たちに拍手～！
すぐ2回戦にいきましょう！

2　氷おに

次はルールを増やしますね。タッチされた人は、片膝をついて手をあげ、「助けてー！」ポーズを取ります。まだ残っている人が、その手にタッチしたら復活することができますよ。

タッチされちゃった。「助けてー！」
よし、復活！　ありがとう。

お互いのことを知り合う【見えない共通点】

おすすめ学年		
低学年	中学年	高学年

初対面の相手なのに、出身が同じ県だった、同じ大学に通っていた、同じ趣味をもっていた…といったことからすぐに打ち解けられた、という経験はありませんか。**「類は友を呼ぶ」というように、人は自分と共通点をもつ人に親近感を覚えます。**この心理作用を、心理学では**「類似性の法則」**といいます。この類似性の法則は、相手との共通点が多くなるほど強力に作用します。

映画『アナと雪の女王』に顕著なシーンがあります。アナ王女とハンス王子が出会うシーンです。初対面だった2人ですが、「私たちはよく似てるね」「あっ、またそろった！」と共通点を見つけるたびに意気投合していきます（出会ったその日に婚約するのは、さすがにやり過ぎだとは思いますが…）。

この類似性の法則を学級経営にも生かしていきましょう。あそびを通して共通点を見つけさせるのです。班対抗のゲームという形にすると、子供たちは競い合って共通点を見つけようとします。そして、たくさん見つければ見つけるほど、安心して仲良くなっていくのです。

日々の授業でも、ペアトークやグループトークを多くするなど、子供たち同士が話すきっかけをたくさんつくっていくとよいでしょう。

【ポイント】

・見つかるとうれしい共通点を探すようにします。また、オンリーワンを怖がらない、バカにしないように話します。
・共通点を探すときにおすすめの話題を板書しておくと話しやすくなります。「好きなスポーツ」「好きな食べ物」「好きなアーティスト」「趣味」「習い事」「行ったことのある旅行先」「やったことのある経験」など
・ペアで共通点を探すという形で行うと、相互理解を深めることもできます。

じゃあ図工が好きな人は？　おっ、全員手があがった！　書いて書いて！　音楽はどう？　これは３人か〜、惜しい。

みんな図工が好きなんだね。その調子！　どんどん聞いていこう！

好きなお菓子とかはどう？　私はチョコとポテトチップスが好き！

3　共通点を発表し、チーム名を決める

時間です。さあ、いくつの共通点が見つかったかな？

私たちは10個見つけました！

おー、じゃあ優勝は○班です。おめでとう、拍手〜！　どの班もたくさん見つかりましたね。では、見つかった共通点を基に、チーム名を決めてください。例えば、「チョコレート大好きチーム」のような感じです。次の席替えまで、「１班」や「２班」ではなく、その名前で呼びたいと思います。

何かおもしろい名前がいいよねー。

みんなのり塩味が好きだったから、「ポテトチップスはのり塩派」ってのはどう？

見えない共通点

■準備物

・ミニホワイトボードなど

1　ルールを理解する

新しいクラスになって１週間。少しずつ打ち解けてきたかな？　今日は班対抗のゲームをしよう！

ルールは簡単。班で５分間自由に話し合って全員に共通することを見つけてください。例えば、「全員○○が好き」とか「全員○○したことがある」とかね。見つかるとうれしいものを探してね。

ただし「全員生きている」「みんな小学生」のような、当たり前のものはナシです。見つけた共通点は、どんどんホワイトボードに書いてください。一番たくさん書けたチームの優勝です。

2　グループで話し合う

私、体育が好きなんだけど、みんなはどう？

僕、体育って得意じゃないんだ…。図工とか音楽は好きなんだけど。

先生のことをよく知り、親しみをもつ【先生ビンゴ】

おすすめ学年		
低学年	中学年	高学年

教師と子供たちが信頼でつながっていることはとても大切です。同じように指導をしても、その指導が子供に入っていくかどうかは信頼関係で決まると言っても過言ではないでしょう。子供たちと信頼でつながるために意識したいのは、**教師も1人の人間として対等にコミュニケーションを取っていくこと**です。

例えば、子供たちの好きなゲームやアニメを「くだらない」と一蹴するのではなく、「なんで好きなんだろう?」と興味をもって話を聞くことはできます。日頃のちょっとした出来事でも、「ありがとう、助かったよ」とアイメッセージで感謝や気持ちを伝えることができます。さらに、**教師が自己開示をしていくことも信頼関係を築くのに役立ちます。**

学級開きで簡単に自己紹介をしていると思いますが、さらに詳しく「自分はこんな人間だ」ということをオープンにします。自分と同じものが好きだとわかると親近感を覚えますし、「この先生はいろいろな経験をしているな」「いろいろなことを知っているな」と思わせれば、尊敬の念が強くなっていきます。

ゲーム形式で楽しみながら行うこともポイントです。**実は、ゲームを通して「教師の指示を聞くこと、ルールを守ること」も教えています。**ビンゴでは、次の言葉を発表するときには静かにしていなければ聞こえません。「リーチ！」「ビンゴ！」と盛り上がる場面と、静かに話を聞く場面のメリハリをつけなければ楽しめないということを体験的に学ぶことができます。

【ポイント】

・ランキングを発表するだけでなく、できるだけエピソードも話すようにします。
・「好きなテレビ」「怖いもの」など子供たちが親しみやすいテーマがよいでしょう。
・「先生が叱ることとランキング」などにして、学級経営方針を伝えることもできます。
・子供たちもビンゴカードをつくり、朝の会などで少しずつ行うのもおすすめです。

実は先生、高校生のときにラグビーをやっていたんです。忘れられないのは、引退試合の日が土砂降りでね…。

へぇ〜、意外だったなぁ…。

次を言いますよ。あれっ、お話を聞く態度は大丈夫かな？　（中略）５番目は…、サッカーです！

やっとサッカー出た！　リーチ！

私はビンゴー！

おめでとう！　ビンゴになった人は、前に出てきて先生とタッチをしましょう、イエーイ！

今日はこれでおしまい。感じたことなどを書いて出してください。明日は食べ物でやりましょう。

先生ビンゴ

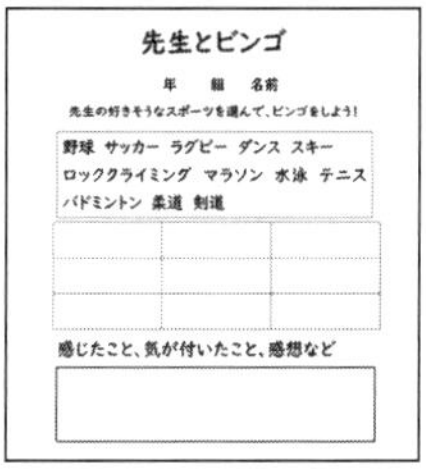
先生とビンゴ

年　組　名前

先生の好きそうなスポーツを選んで、ビンゴをしよう！

野球　サッカー　ラグビー　ダンス　スキー
ロッククライミング　マラソン　水泳　テニス
バドミントン　柔道　剣道

感じたこと、気が付いたこと、感想など

■準備物

・ビンゴ用紙

1　用紙に記入する

今日はビンゴゲームをしましょう。でも、ただのビンゴじゃないですよ。枠の中に先生の好きなスポーツと苦手なスポーツが書いてあります。好きそうなものを９個選んでマスの中に書いてください。一番好きなものから順番に言っていきます。

この前スキーが得意って言ってたな。あとは…。

2　ビンゴをする

この中で一番好きなのは…、スキーです！

やったー！　真ん中ゲット！

よく覚えていたね。ありがとう！　そう、学校の先生になる前はスキーの先生をしていたから、スキーは大好きです。２番目は…、ラグビーです！

えーっ！

「みんなが楽しい」経験をする

【安心何でもバスケット】

おすすめ学年		
低学年	中学年	高学年

「教室で、みんなであそぼう。何がしたい？」

子供にこう聞くと出てくる3大ゲームが「何でもバスケット」「ハンカチ落とし」「いす取りゲーム」ではないでしょうか。

昭和からある伝統ゲームですが、実は僕はこの3つがあまり好きではありません。なぜなら3つとも「全員楽しめるか」が疑問だからです。ハンカチ落としで一度も落とされなかった子や、いす取りゲームで最初に脱落した子は本当に楽しいのでしょうか。**勝った子だけが楽しくて、負けた子はつまらないのでは本末転倒**です。挙句の果てには、罰ゲームと称して負けた子がはずかしがるような活動までセットになっていることもあります。

子供は体験から学びます。罰ゲームを行うことで、「敗者に恥をかかせる」「失敗した人をみんなでバカにして笑う」という文化がクラスに根づいてしまったらどうでしょう。**ゲ**

ームの中で体験的に学んだことは、知らず知らず実生活に入り込んでしまいます。

学級でレクやゲームをする主な目的は「みんなが楽しく、みんなが笑顔になること」と言ってよいでしょう。それなのに「たった1人の敗者を決めて罰ゲームをさせる」ということでクラスがうまくいくでしょうか。**W-N-W-N、つまり「あなたも楽しい、私も楽しい」「勝っても楽しい、負けても楽しい」となるように意識したい**ものです。

【定番ゲームのアレンジ例】

・ハンカチ落とし

座って待っているだけだからつまらないので、座りながらでもできるゲームと同時にやります。おすすめは「ウインクキラー」。まわりをキョロキョロ見るからハンカチへの集中が途切れますし、犯人にやられてバタバタ倒れていきます。

・いす取りゲーム

負けた子たち専用の場を用意しておき、そこでいすに座れたら復活できるようにします。例えば、最初の回で5人が座れなかったら、5人がBの場へ移動。Bの場にはいすが2つあり、そこに座れたらAの場に復活できます。

あっ、こっちこっち！　ここ空いてるよ！

おー、さっそく親切にしてる！　すてきです。

3　輪番で子供たちがお題を言ってあそぶ

あそび方はいいですね？　では、出席番号１番の人から順番に、お題を言ってもらいます。できれば、友だちのことがわかるような「○○したことある人？」とか「いつも○○する人？」のような質問ができるといいな。でも、思いつかなかったら「何でもバスケット」でもOKです。

僕からだね。じゃあ、朝はギリギリまで寝てるっていう人～？

次は私ね。全員順番にできるんだ、いいね！

いつも、ふざけておにになろうとする子がいるもんね（笑）

そうそう。それに３回おにになったら罰ゲームっていうのもはずかしくて嫌だったよ。

うんうん、そうだね。罰ゲームなんかなくったって、みんなが楽しめるあそびはできるよね。これからも、クラスであそぶときは「みんなが楽しいか」って考えられるといいね。

安心何でもバスケット

■準備物

・いす（1人1脚）

1　ルールを理解する

全員、内向きの輪になっていすに座りましょう。みんな「何でもバスケット」は知ってるかな？今日は「安心何でもバスケット」をするよ。

いつもと何が違うんだろう…？

いつもと違うのは、おにがいないことです。先生がお題を言うので、そうだと思った人は別のいすに移動してね。

2　担任がお題を言ってあそぶ

やってみましょう！　朝はパン派だという人？

はーい！　あっ、なるほど。必ず座れるんだ。

次は、人に優しくできる人～？

みんな立ってる！　ほんと～？（笑）

心の壁を下げ、距離を縮める［ラインナップ］

おすすめ学年		
低学年	中学年	高学年

新しいクラスになって間もないころは、お互いの関係も浅く、どことなく壁が感じられます。そんな時期に、みんなで一緒に何かをやることの楽しさを体験しておくと、心の壁が下がり、クラスの関係が1段階レベルアップします。

そこで、「ラインナップ」のように、**比較的簡単に課題を達成できるアクティビティで、成功体験をさせます。**クラスで成功体験を共有することで、「みんなでやると楽しいね」「きっとこれからの活動もうまくいくよ」「私たちって、結構やるじゃん」といった思いをもたせることができます。

しかし、学級の状態によってはうまくいかないこともあるかもしれません。そんなとき、

「何をやってるんだ！」「手をつなぎなさい！」などと怒ってしまうのは得策ではありません。「失敗してもＯＫ！」「どうしてうまくいかなかったのかな？」「どんなルールや工夫があれば、うまくできるかな？」などと声をかけ、**話し合いを促して学びに変えたり、もっとハードルの低いあそびから再スタートしたりしましょう。**

同じようなあそびでも、アレンジすることでねらいを変えることもできます。例えば、平均台の上に一列で並び、落ちないようにしながらお題の順で入れ替わるというルールにします（1人でも落ちたらやり直し）。このルールでは、互いにコミュニケーションを取りながら協力したり身体を支え合ったりすることになります。

【ポイント】

・ラインナップのお題例としては、「背の順」「下の名前のあいうえお順」「好きな食べ物のあいうえお順」「好きな動物のあいうえお順」などがあります。
・同じ目的でできる別のあそびとしては、「仲間探し」「宝物は何？」「フープリレー」などがあります。

2　手の大きさ順に並ぶ

では、次のチャレンジは「手の大きさ順」です！　今度は、声を出さずにジェスチャーだけで並んでください。

私の手の大きさだと、どのあたりなんだろう…。

声も出せないし、手を合わせて比べていくしかないよね。

並べたかな？　では手を合わせたところを見せてください。しゃべらなくても順番に並べましたね。なかなか１回でできるクラスはないんだよ。すばらしい、拍手～！　せっかくだから、一番小さい子と一番大きい子も比べてみてください。同じ○年生でもこんなに違うんだね。

ラインナップ

■準備物

特になし

1　誕生日順に並ぶ

今から、先生が出すお題の通りに順番で輪になるというチャレンジをします。はじめのお題は「誕生日順」です。4月生まれが先頭です。

6月生まれの人はこのへんかなぁ…。

○○さんは、何月何日生まれ？

並べましたか？　では確認していきましょう。
順番に誕生日を教えてください。

4/26です。

5/18です。

5/30です。

5/30です。

あっ、□□さんと△△さん、誕生日同じなんだ！

無事に成功ですね、拍手～！
また少し、お互いのことを知り合えましたね！

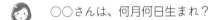

コラム

プロジェクトアドベンチャー（PA）

僕が大学時代から体験し、学んできたのが「野外教育」や「冒険教育」です。これらは大自然の中で様々な体験活動をすることを通して、社会性や人間力を伸ばしていくことを目指しています。

自然の中での冒険（キャンプ、登山、沢登りなど）は非常にすばらしい体験になりますが、費用や時間がかかり、危険も伴います。そんなアドベンチャーのもつ力を「大自然に出かけていかなくても活用できる」ようにしたのがPAです。

PAでは、アクティビティを通じて、子供たちの信頼関係を築き上げていきます。コミュニケーションスキルや自己肯定感の向上、問題解決能力の強化などの効果も期待でき、学校や教室でできるものが多くあるのが特徴です（ロープスコースという専用施設もあります）。本書でも、その理念やアクティビティをいくつか取り入れています。

PAで学んだことは、僕の学級経営の核になっており、参考文献一覧にも多く名前があります。PAJ（プロジェクトアドベンチャージャパン）が学校用のプログラムや教師向けの研修会を行っていますので、興味をもった方は、ぜひ学んだり体験したりしてみてください。

第2章
よい生活習慣をつくる

気持ちよくあいさつをする

【あいさつリレー】

【バラララララ～あいさつ】

おすすめ学年		
低学年	中学年	高学年

あいさつは大事です。あいさつはコミュニケーションとして肝心なはじめの1歩ですし、相手への尊敬や親愛の気持ちを表すことができます。そのため多くの学校で、「あいさつ運動」や「あいさつ週間」などの取組を行っているのではないでしょうか。しかし、子供に「あいさつをしなさい」とただ言っても、なかなかできるようにならないことも多いと思います。

一番効果があるのは、教師がよいあいさつをすることだと思います。子供からあいさつされるのを待っているよりも、日頃から教師が積極的にあいさつをして範を示すわけです（教師同士がどのようにあいさつしているかも、子供たちは結構よく見ています）。

また、子供たちに「なぜあいさつをするのか」「なぜあいさつは大切だと思うか」を考えさせたり、インターネットで調べさせたりすることや、ねらいを明確に伝えて楽しみながらあいさつに取り組むことも効果的だと思います。このような様々な実践を根気強く続けていくうちに、身についてくるのではないでしょうか。

ここで紹介する「バラララ〜あいさつ」は映画『ベイマックス』で主人公たちが行っているあいさつを真似して行うものです。バリエーションとしては、映画『ET』のように人差し指同士を合わせて「アウチ」と言う「アウチであいさつ」もあります（若い先生はETを知らないでしょうか…）。給食や学活の時間に、部分的にでも鑑賞しておくと気持ちの込め方も変わってきますし、楽しみながら交流できると思います。

【ポイント】

・あいさつリレーに慣れたら「今日の体育楽しみだね、○○さん」「算数のテストがんばろうね、△△さん」のようにメッセージを添えることに挑戦してみましょう。
・同じ目的でできる別のあそびとして、「あいさつジャンケン」「名刺交換ゲーム」などがあります。

2　バララララララ～あいさつ

教室の中を自由に歩き回って、出会った人とあいさつをします。あいさつの仕方はこうです。
①目を合わせて「おはようございます」
②グータッチ
③指を開きながら「バララララララ～」

では、３分間取りますから、なるべくたくさんの人と「バララララララ～」してください。

おはようございます！　バララララララ～。

（１分程度で一度止めて）今見ていると、男女で「バララララララ～」している人が少ないね。いつも話す人とあいさつするのは簡単だよね。残り２分はまだやっていない人とやってみよう！

あいさつリレー
バラララララ～あいさつ

■準備物

特になし

1　あいさつリレー

みんながすてきなあいさつをできるように、今日は健康観察をしながら「あいさつリレー」をします。最初は先生が「おはようございます！　○○さん」と席順が最初の人を呼びます。呼ばれた人は「はい、元気です！」のように言った後、「おはようございます！　△△さん」と次の人を呼んであげてください。最後の人は先生を呼びます。

おはようございます！　△△さん。

はい、元気です！　おはようございます！　□□さん。

はい、ちょっと眠いです。おはようございます！　北川先生。

はい、元気いっぱいです！　あいさつがつながると気持ちいいね。明日は出席番号順でやってみます。慣れてきたら、メッセージを添えてみよう！

「静かをつくる」ことを学ぶ

【サイレンス】

おすすめ学年		
低 学年	中 学年	高 学年

シーンとした教室に、カリカリと鉛筆を走らせる音や本をめくる音だけが響く。そんな全集中の状態で学習しているとき、僕は「みんなが考えている音がする！」と話します。

学級づくりをするうえで、このように**静と動のメリハリをつけられることは重要**です。盛り上がるときは思いっきり盛り上がる、集中するときは集中する。話し合いは活発にし、意見を聞くときは傾聴する。その切り替えがうまくできず、教師が「静かにしなさい」という注意を繰り返したり、そのたびに叱ったりしていると、子供との信頼関係は崩れてしまいます。

そこで「自分たちで静かをつくる」ということを楽しみながら経験させます。教師が

「静かにしなさい」と注意するのではなく、子供たちが自分たちで気づく。その経験を繰り返すことで、学級が育っていきます。

どのクラスにもわざと騒いだり教師の注意を引こうとマイナスの行動をしたりする子がいますが、そこに承認を与えないように注意してください。授業の邪魔をする＝担任にかまってもらえるという体験サイクルから脱却させせなければなりません。「授業を進めたいから、悪いけど返事をしないよ。休み時間にゆっくりね」などと話すようにします。

【ポイント】

・チャレンジは多くても1日3回くらいまでにします。次にチャレンジする日を相談し、「それまでにクリアできるように、みんなで協力したり、楽しく活動したりして、力をためよう」と話します。

・クラスの約束として、友だち同士では注意しないこと、小声でそっと教えてあげることを確認します（「そっと」というのがポイントです。大声で「静かにして！」などとは言わないようにします）。

チャレンジは、レベル１＝10秒、レベル２＝30秒、レベル３＝１分です。まずは10秒からチャレンジしましょう。

3　チャレンジする

はい、ではいきます！　よーい、スタート！

……クスクスッ

アウト～、残念！　みんなで「チャチャチャ、ドンマイ」をしましょう。

チャチャチャ、ドンマイ！
(拍手３回→サムズアップ)

じゃあもう１回挑戦しますか？　OK、しっかり深呼吸して集中しましょう。よーい、スタート！

……　……　……

はい、クリア！　おめでとう！　拍手～！

これからの約束を説明するね。先生が静かをつくってほしいなと思うときは黙って手をあげます。気づいた人から、同じように手をあげて、今のように静かをつくってください。もし気づいていない人がいたら、小声でそっと教えてあげてね。

サイレンス

■準備物

特になし

1　自分たちの課題に気づく

授業中、みんなのおしゃべりが止まらなかったとして、先生に「静かにしなさい！」「そこ、うるさい！」って注意されるのと、自分たちで気がついて静かになるのと、どっちがいいかなぁ？

自分たちで気がつく方！

そうだよね。先生も、そんなことは言いたくないです。そこで今から、静かをつくるゲーム「サイレンス」をします。

2　ルールを理解する

このゲームのクリア条件は、みんなで協力して「静かをつくる」ことです。ゲームの間は、せき、くしゃみ、笑い声、机やいすの音など、一切禁止です。みんなで協力してクリアを目指してください。ただし、息を止めるのはナシです。顔を上げて、目も開けておいてくださいね。

短時間でいろいろなグループをつくる
【せーの！】

おすすめ学年		
低学年	中学年	高学年

「子供たちの関係が固定化してしまっている」という悩みをもつ先生は、少なくないのではないでしょうか。登校したら仲良しの数人とおしゃべりし、休み時間のトイレやあそびも一緒。「〇人組をつくって」と言っても同じメンバー。結局、１日で数人としかコミュニケーションを取っていない、ということが起こっていませんか。

そんな子供たちに「混ざりましょう」と言っても、なかなか難しいものです。ですから、**楽しいことで「いつの間にか混ざっちゃった」という経験をたくさんさせ、徐々に慣れさせていきましょう。**仲間集めのゲームはたくさんありますが、シンプルで手軽にできるのが「せーの！」です。かけ声１つで簡単に仲間を集めることができますし、リズムがあるので集中して取り組むこともできます。

また、同じように仲間集めをするあそびに「猛獣狩りゲーム」があります。僕の大好きなあそびで、キャンプファイヤーなどでは鉄板のレクです。「せーの！」よりも教師の演技力が必要になり、恥を捨てて振る舞う必要がありますが、楽しく踊って盛り上がりながら仲間集めができるあそびですので、ぜひ挑戦してみてください。

日々の生活でいろいろな人とペアになる体験も、人間関係を円滑にします。例えば、毎朝トランプやくじを引いて同じ数を引いた人がペアになるようにし、その日は1日、そのペアで読み聞かせを一緒に聞いたり授業中に考えを交流したりします。このような活動を繰り返し、安心感につなげていきましょう。

【ポイント】

・「ゴー」の前に入れるお題としては「男女混合で」「生活班バラバラで」「去年のクラスがバラバラで」「まだ同じグループになってない人同士で」などがあります。

・お題をつけることで、協力型ゲームにすることができます。早くできたグループが人数調整をすればうまくいくということに気づかせましょう。

3　お題をつけて仲間集めをする

今度は「ゴー」の前にお題をつけますから、そのお題に合うように集まってください。

（中略）せーの！

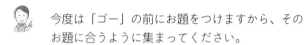

パンパンパンパン！

誕生月バラバラでゴー！

４人４人、集まって！　ねぇ、何月生まれ？

６月、６月、９月、２月。あ～、６月が２人いるよ。どうしよう…。

全員が座るにはどうすればいいかな？

ねぇ、こっちと交換しよう！

ありがとう～。

すてきな場面があったね！　今みたいに早くできたグループが調整してあげればうまくいくね。

別の活動でグループをつくるときも、いつも同じグループで集まるんじゃなくて、いろいろな人たちとグループになれたらいいですね。これからも、先生が「せーの！」と言ったら拍手。これが約束ね。

せーの！

■準備物

特になし

1　ルールを理解する

先生が「せーの！」と言ったら拍手を１回してください。「せーの！」を言うたびに、拍手を１つずつ増やしていきます。

何度か続けたら、「ゴー」と言います。「ゴー」の前の拍手の数だけ、仲間を集めて座ります。余ってしまった人にはみんなで「チャチャチャ、ドンマイ」をしましょう。

2　仲間集めをする

 せーの！　 パン！

 せーの！　 パンパン！

 せーの！　 パンパンパン！

 ゴー！　 ３人３人！　集まって！

教師と子供たちで一体感を味わう

【ダイアロジック・リーディング】

おすすめ学年		
低学年	中学年	高学年

あそびの本で紹介するのは場違いかもしれませんが、僕が何年生の担任になっても毎朝必ず行っている活動が、絵本の読み聞かせです。皆さんは「読み聞かせ」と聞いて、どんな光景を思い浮かべますか。親や教師が本を読み、それを子供が静かに聞いている。そんな光景ではないでしょうか。この読み聞かせに、「対話」を加えた手法が「ダイアロジック・リーディング」です。

ただ読むだけでなく対話をしながら読み聞かせると、たくさんのよさがあります。

①コミュニケーションを密に取ることができる。
②登場人物の心情などに関する質問をすることで、思考力を高めることができる。
③物語を分析することで、読解力を伸ばすことができる。

④話を聞きながら考えることで、人の話を深く聞くことができるようになる。
⑤発話を促すことで、自分の意見を言う力を伸ばすことができる。

具体的な対話の方法ですが、お話の途中で子供たちに質問をしていきます。その際、**決まった答えがないような質問を心がけます。**例えば「あなたはどう思う?」「なぜそう思う?」「あなただったらこんなときどうする?」「主人公は今、どんな気持ちかな?」のような感じです。子供たちに考えさせ、ペアや数人で話し合います。意見を発表させてコメントを返すこともあります。これを、毎日5分でよいので続けます。みんなで絵本を楽しむ一体感を覚えることができ、クラスに落ち着きが生まれてくると思います。

【ポイント】

・何よりも、担任が楽しんで読みましょう。声色を変えて読んだり、優しく読んだり、ゆっくり読んだりと世界観に入り込みます。1冊を2~3日に分けてもOKです。
・絵本では物足りないクラスなら、『ハリー・ポッター』や『二分間の冒険』のようなボリュームのある物語を毎日少しずつ読み進めていくのもおすすめです。

どんなお話か楽しみだね。始まり始まり〜。

（途中まで読んで）このあとどうなると思う？
自由に言ってみて？

人間と仲良くなれるんじゃない？

でも、どうやったら仲良くなれるかなぁ？

どうするんだろうね。じゃあ、続きを読むよ。

最後の場面、みんなだったらどんな気持ちになる？　それに主人公にどんな言葉をかけてあげたい？　今日のペアで話し合ってみてください。

私は、ありがとうって感謝の気持ちになるかな。

もう会えなくなるから、悲しい気持ちかもしれないよ。

じゃあ、何人か発表してくれる？

私は、「きっとまた会えるよ。だからそれまで、
人間と仲良くして待っててね」って伝えたいです。

うんうん、また会えたらいいよね。他にも発表してくれる人？（中略）今日はここまで。また明日、
みんなで楽しもうね。席に戻ってください。

ダイアロジック・リーディング

■準備物
・絵本

1　読み聞かせの隊形になる

今から読み聞かせをします。先生の前に集まって今日のペアで隣同士、床に座ってください。気持ちをほぐすために「後出しじゃんけん」をしましょうか。じゃーん、けーん、ポン、負けて！

あ〜、勝っちゃった（笑）

じゃあ、準備はいいかな？　始めるよ。

2　対話をしながら読み聞かせる

今日読む本は『○○○○』です。どんなお話か知っている人は、内緒にしておいてね。タイトルと表紙を見て、どんなお話だと思う？

おにが出てくる〜！

笑ってるから、何かいいことがあるんじゃない？

公正にじゃんけんを行う、ポジティブな気持ちで下校する

【ゲーマーじゃんけん】【さよならじゃんけん】

おすすめ学年		
低学年	中学年	高学年

デザートのおかわり、係や委員会決め、バスの座席やおにごっこのおに決めまで、学校ではあらゆる場面で「じゃんけん」が行われています。それがポジティブな理由（立候補者がたくさんいる、など）にしろ、ネガティブな理由（やりたくない人がたくさんいる、など）にしろ、**公正にじゃんけんを行うことはとても大切**です。

「ゲーマーじゃんけん」は、ボードゲーム愛好家が迅速にスタートプレイヤーを決めたいときにやるじゃんけんですが、1人または少数の勝者を決めるのに最適です。「出した人数が少ない手の勝ち」というルール上、友だちと内緒で相談して同じ手を出すと、勝つ確率が下がります。代表者1人とだけ勝負するわけではないので、後出しも難しくなります。だれもが勝負の結果に納得しやすいじゃんけんなので、ぜひ試してみてください。

さて、放課後の小学校教員は多忙です。様々な会議や研修、校務分掌の仕事、学級の仕事や授業の準備などなど。なるべく早く帰るために、放課後の時間は無駄にできません。僕は貴重な放課後の時間を確保するため、帰りの会は次のように超シンプルにします。

①チャイムと同時に授業終了のあいさつ　②担任からの連絡事項
③さようならのあいさつ　④じゃんけん
⑤帰りの支度ができた子から下校（教室の出口でお見送り）

下校時には「いろいろあったけど楽しい1日だった」というポジティブな印象を残したいものです。下校後の児童トラブルやそれに伴う保護者対応などが入ってきてしまうと、あっという間に時間は過ぎてしまいます。その可能性をなるべく少なくしたいのです。

そのために、帰りの会の最後にユーモアのあるじゃんけんを行い、楽しい気持ちのまま下校させます。さらに、低学年でおすすめなのが、**下校のあいさつ&じゃんけんの後に「さようなら、今日も楽しかったね」とひと言添える**ことです。そうすると、子供が帰宅して「学校はどうだった?」と聞かれたときに「楽しかった!」と答える可能性が上がると信じています。注意点としては、**テンションを上げ過ぎると逆にけがやトラブルにつながる可能性がある**ことです。学級の様子をよく見て実施するようにしてください。

2　さよならじゃんけん①　じゃんけん占い

今日はじゃんけん占いをしましょう。先生に勝ったら運がいい日です。あいこだったら僕と気が合う日です。負けてくれたら、優しい気持ちになれる日です。では、じゃんけん、ポン！

負けちゃったけど、優しい気持ちになるんならいいかぁ。さようなら～！

3　さよならじゃんけん②　スーパーじゃんけん

今日は「スーパーじゃんけん」です。先生に勝ったら、スーパー喜ぶ。あいこだった人は…スーパー喜ぶ。そして、負けた人は…、なんと…、スーパー喜ぶ（笑）　いきますよ、じゃんけん、ポン！

イエーーーーーーイ（笑）　さようなら～！

4　さよならじゃんけん③　必殺技じゃんけん

今日は「必殺技じゃんけん」をします。グーチョキパーに加えて、必殺技（かめはめはのポーズ）とバリア（胸の前で両腕をクロス）を加えます。必殺技は、グーチョキパー全部に勝てますが、バリアだけに負けます。バリアはグーチョキパー全部に負けますが、必殺技だけには勝てます。では先生 vs 全員で勝負です。じゃんけん、ポン！

ゲーマーじゃんけん
さよならじゃんけん

■準備物

特になし

1　ゲーマーじゃんけん

人数が多いときのじゃんけんって、あいこばっかりでなかなか決まらないことがあるよね。

そうそう。ずっとあいこが続くことってある！

そこで、画期的なじゃんけん「ゲーマーじゃんけん」を教えます。ルールは簡単！

①人数が少ない手を出した人の勝ち

②少ない手の人数が同じときは、通常のじゃんけんで、強い手の方が勝ち

なんだか難しそう…。

とりあえずやってみよう。じゃんけん、ポン！
グーが４人、チョキが２人、パーが２人ですね。
チョキとパーが２人で同数ですが、チョキの方がパーより強いので、チョキの人が勝ちです。

すごい、１回で２人まで減っちゃった！

コラム

おすすめの
読み聞かせ本

　みんなで笑ったり感動したりするような本を選ぶとよいでしょう。司書さんに相談すると教えてくれます。

『おまえうまそうだな』 作・絵：宮西達也、ポプラ社
　ティラノサウルスシリーズとして16冊が出ていますが、どのお話もキュンとするいいストーリーばかりです。続編も泣けます。

『３びきのかわいいオオカミ』 作：ユージーン・トリビザス、絵：ヘレン・オクセンバリー、冨山房
　３びきのこぶたのパロディ。かわいいオオカミたちが家をつくりますが、そこに悪い大ブタがやってきて…。事前に原作を読んでおくとおもしろさ倍増です。

『どんなかんじかなあ』 作：中山千夏、絵：和田誠、自由国民社
　ともだちのまりちゃんは目が見えない。見えないってどんな感じかなぁ。ぜひ主人公と一緒に、試しながら読んでほしい１冊。温かい気持ちになれる本です。

『うどんのうーやん』 作：岡田よしたか、ブロンズ新社
　人手がたりないうどん屋さん。うどんのうーやんは、自分で出前にでかけます。関西弁を話し、ノリのいいうーやんに大爆笑すること間違いなしです。

第3章 コミュニケーションを深める

場を温める、自然なスキンシップを行う

【キャッチ】

おすすめ学年		
低学年	中学年	高学年

コンサートや格闘技の試合などでは、オープニングアクトや前座試合があり、客席の雰囲気を温めますよね。クラスでも、場を温めるって大切です。少しずつ接触のあるあそびをやりたい場面から、クラスの雰囲気をほんわかさせたいとき、課題解決型ゲームをする前のウォーミングアップ、キャンプファイヤーの導入まで、様々な場面で「前座」として使えるおすすめのあそびが「キャッチ」です。

「キャッチ」では、子供たちが輪になって両隣の子と手を触れ合うので、自然と距離が近づきます。**このあそびで手を触れ合うことに抵抗がなくなれば、「手をつなぐ」という1つの壁を超える準備ができてきたと考えてよいでしょう。**また、教師の話を集中して聞く姿勢ができ、メリハリをつけることができるというよさもあります。

バリエーションが豊富で、いろいろなあそび方ができるのも魅力です。合図の言葉を別の言葉（例：キツネ）に変えたり、右手と左手の役割を反対にしたり、手をクロスしたりするのもおもしろいです。「キャット」と言ったときは全員で「ニャー！」と言うというルールも盛り上がります。ここでは特におすすめのアレンジを2つ紹介します。

①話の中に「キャッチ」という言葉が出たらキャッチする

例　このあいだA先生と「キャッチ」ボールをしていたんだけどね…（中略）最後に僕が暴投しちゃったときなんか、A先生、走って走って、手を伸ばして、ナーーーイス「キャベツ!!」。うん、実はキャベツで「キャッチ」ボールしてたんだ。

②話の中に「に」という言葉が出たらキャッチする

例　昔々あるところ「に」、おじいさんとおばあさんがいました。おじいさんは、山「に」柴刈り「に」おばあさんは川「に」洗濯『へ』…（中略）おばあさんはその桃を「ナイスキャッチ！」。もうキャッチは反応しないよ～。家「に」持ち帰ると、2人で仲良く、美味しく食べました。おしまい。

3　いろいろなバリエーションであそぶ

では、本番です！　次からは二重の輪になっていきます。捕まってしまった人や、ひっかけで間違えて捕まえてしまった人は輪の内側に移動です。内側の輪で同じようにあそび、キャッチに成功した人は外側へ戻ります。

いきますよ！　キャーキャーキャー…キャッチ！

捕まっちゃった！　内側に移動だね。

今度は先生が言うのではなくて、内側の輪にいる人だったらだれでも「キャッチ」と言えることにします。ひっかけもOKですよ。

じゃあ私がやる！　キャーキャー…キャベツ！

キャッチ

■準備物

特になし

1　あそび方を知る

みんなで輪になってください。まず左手を、手のひらを上にして左隣の人の前に出します。これがお皿です。次に、右手の人差し指を下に向けて、右隣の人が出したお皿の上に立てます。

先生が「キャッチ」と言ったら、左手は隣の人の指を素早く捕まえます。右手は、捕まらないように上に逃げます。

2　練習を兼ねて2、3回やってみる

では、実際にやってみましょう。
キャーキャーキャーキャー…キャッチ！

うわっ、捕まった～！

はい、準備して～。キャーキャー…キャット！

あっ、引っかかっちゃった～！

ペアでチャレンジして達成感を味わう【ビート5】

おすすめ学年		
低学年	中学年	高学年

クラスが温かい雰囲気になってきたら、自分の意見を言ったり、話し合って友だちと力を合わせたりする活動に進みます。仲間とのコミュニケーションの基本は、1対1のやりとりでしょう。授業でも「ペアで話し合ってみましょう」「お互いに質問をし合ってみましょう」といった活動は多くあると思います。「クラス全員でチャレンジ！」といきなりレベルを上げるのではなく、**まずはペアで成功体験を積んで、達成感を味わわせましょう。**

「ビート5」は、僕がキャンプの指導員をしていたころから大好きなあそびです。単純なあそびながら、協力することの第一歩は声を出し合うことであるということに、体験しながら気づけます。さらに、失敗を許容する態度を養うことにもつながります。

同じようにペアでやる手あそび歌として、「アルプス一万尺」「茶摘み」「みかんの花咲く丘」などがあります。幼稚園や保育園で親しんでいる子も多いでしょう。これらと「ビート5」が違うのは、「はじめてやる子が多い」「手の振りつけが変化していく」「歌を覚えなくてもよい」「多人数でもできる」といったことです。導入時に技能差がないので、同条件でチャレンジすることができます。

【チャレンジレベル】

レベル2…言葉なしでやってみましょう。アイコンタクトが大切です。
レベル3…目をつぶります。声は出してもOK。手を出す位置を合わせましょう。
レベル4…目も口も使いません。どんな工夫をすればよいか話し合わせてみましょう。

ペアでできるようになったら、4人、8人、16人と人数を増やし、最終的にはクラス全員で挑戦してみてもよいでしょう。クラス全員でうまくできたときは一体感を共有することができます。ただし、奇数の場合はできないので、担任が入って調整するか、奇数でもできるようなアレンジをみんなで考えてみてください。

せーの！「1トントン」、「1、2トントン」、「1、2、3トントン」、「1、2、3、4トントン」、「1、2、3、4、5トントン」できたー！

いいですね！　拍手5回までいったら、その後は4回、3回、2回、1回と減らしていきます。ちょっと複雑ですね。拍手の数は1、2、3、4、5、4、3、2、1になります。

2　息を合わせてフルスピードに挑戦する

では、ペアの人となるべく早くできるように練習してみてください。拍手の数を間違えないようにすることがポイントですよ！

せーの！　「1トントン」「1 2トントン」「1 2 3トントン」あっ、間違えた～。

ドンマイドンマイ！

今、失敗してしまっても「ドンマイ」って声をかけている人がいました。すてきだね。失敗しちゃっても、もう1回チャレンジすればいいよね。

そろそろみんなで勝負してみましょうか。最後までできたペアは、素早く手をあげてください。どのペアが1番早いか見てますからね。いきますよー。よーい、ドン！

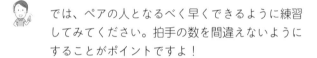

ビート5

■準備物

特になし

1　ルールを理解する

今日はペアでリズムゲームをしてみましょうか。相手と息を合わせて、なるべく早いタイムを目指しますよ。

なんだかおもしろそう！

まず2人で向かい合います。そして拍手を1回。その後相手と片手ずつ、手をトントンとタッチします。「1、トントン」と言うとやりやすいね。

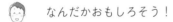

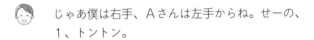

じゃあ僕は右手、Aさんは左手からね。せーの、1、トントン。

次は拍手を2回に増やします。そして片手ずつトントン。「1、2トントン」ですね。あとは同じように、拍手3回トントン。拍手4回トントン、拍手5回トントンまで増やしていきます。まずはそこまでやってみましょう。練習ですからゆっくりでいいですよ。

グループで力を合わせる

【野性の証明】

おすすめ学年		
低学年	中学年	高学年

「グループ学習を行えばクラスがよくなる」と簡単に言うことはできません。しかし、グループ活動を取り入れると、間違いなくコミュニケーション量は増えます。

スポーツや音楽、そして勉強でも、日々の練習の積み重ねが自信になっていきます。その自信が、本番（試合や発表会、テストなど）で自分を助けてくれます。コミュニケーションも同様です。運動会や文化祭などの行事で、クラスみんなが力を合わせて同じことに取り組むときや、クラスで起こった問題を自分たちで解決しようとするときなど、**いざというときはそれまでに重ねてきたコミュニケーションの量がものを言います。**

クラスのだれとでも話したことがある。自分の考えや想いを伝えることに慣れている。

みんなで「ああでもない」「こうでもない」と話し合ったことがある。そういった経験を日頃から重ねておくことが大切です。

ここで紹介する「野性の証明」では、ある文章から文字を抜き出して食べ物を見つけていきます。1人では絶対に思いつかなかったような発見を、友だちの発言をきっかけに見つけられる楽しさがあります。話し合って合意形成することも経験でき、コミュニケーションを取ることに慣れていくことができます。

【バリエーション】

・ラッキーワード…事前に書いて隠しておいた「先生が今日食べたいもの」を書けていたら＋5ポイント。
・NGワード…同様に、設定しておいた食べ物がマイナスポイントになる。
・このほかに、グループで力を合わせたりコミュニケーションを取ったりできるあそびとして「フラッシュ」「テレパシー」「早書きストップ」「スタンドアップ」などがあります。

ナイス！　ねえ「バッタ」ってOKかな？　イナゴとか食べるし。あっ、「イナゴ」もあるじゃん。

なんだかすごいものを出してますね（笑）　では、3分経ちました。何種類出たか数えてください。その数が得点になります。

3　オンリーワンをねらう

次にボーナスチャンスです。今書いた中で、他のチームは思いつかなかっただろうと思うものを3つ選びます。発表したものがオンリーワンだったら1つにつき5ポイント獲得です。選ぶときはチームで話し合って決められるといいですね。最終的に合計が多いチームの勝ちです。

ねぇ、どれにする？　1人ずつ、これがいいっていうのを言ってみようか？

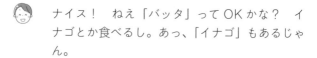

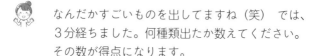

野性の証明

■準備物

・問題文

1　あそび方を理解する

今日はグループで力を合わせるゲームをしてみましょう。お腹も空いてきたし、班のみんなで協力して、たくさんの食べ物を見つけてください。

どういうゲームだろう…？

今から黒板に文を書きます。この文から自由に文字を抜き出して、食べ物の名前をつくってください。例えば「どんな」と「しょうめい」から1文字ずつ取って「なし」のような感じです。

「゛」や「゜」は自由につけていいですし、同じ字を2回使うのもOKです。小さい字にしてもいいです。思いついたらどんどん紙に書きましょう。3分以内にいくつ見つけられるかな。

2　なるべくたくさんの食べ物を探す

ここに「ハンバーガー」見つけた！

友だちの意外な一面を知る【グッドフレンズ】

おすすめ学年
低学年	中学年	高学年

子供たちは、隣に座っている友だちのことをどれぐらい知っているでしょうか。グループ活動を活発に行っても、自分の好みや経験を語り合ったり聞き合ったりする機会はあまりないかもしれません。仲の良い友だち同士でも、「旅行に行きたい場所は？」「あこがれている職業は？」といった問いにはなかなか答えられないのではないでしょうか。

クラスメイトの意外な一面を知り合うことは、子供たちがもっと仲良くなったりコミュニケーションを深めたりするきっかけになります。せっかくですから、単純におしゃべりをするだけではなく、楽しみながら理解し合ってみましょう。

「グッドフレンズ」では、みんなが自分のために、自分が喜ぶと思って書いてくれたお題を見ることができます。この**「友だちの好みを考えて書く」ということろがポイント**で、友だちが書いてくれた答えを見る瞬間はうれしいものです。また、「○○さんなら、これが好きだと思ったよ！」と理解してもらえたり、「え～、それが好きだったんだ！」と新しい一面に気づいたりすることもあります。必ずしも出題者の好みを考えて真面目に書かなくてもよいのもおもしろいところで、大喜利のような回答でくすっと笑わせてみるのも一興です。

出会って間がない緊張感があるころよりも、数週間を一緒に過ごしてお互いのことをわかり始めたころにやる方がおもしろいあそびです。相手の喜ぶことや好きなことなどがわかり、もっと仲良くなれます。

【お題の例】

「憧れている職業」「好きな雨の日の過ごし方」「飼いたいペット」「夏休みにしたいこと」「行ってみたい修学旅行先」「校長先生になれたらしたいこと」「やってみたい習い事」「会心の出来だった作文のタイトル」「私が主役の劇のタイトル」など。担任が指定するだけではなく、自分たちでお題を考えてみるのもおすすめです。

私は揚げパンだけど、A君はわかめご飯かなぁ。

3　答え合わせをする

書けたら、裏向きにして1番の人に渡します。1番の人、もらった紙を混ぜてから、すべて読み上げてください。

えっと…、カレーライス、カレー、わかめご飯、全部、チョコケーキ。うわぁ、どれも美味しいよね。

1番の人は、その中からベストアンサーを決めます。ただし答えが被っているものは選べません。選ばれた人だけが名乗り出ることができます。

カレーライスとカレーは同じだよなぁ。全部もいいけど…、じゃあ、チョコケーキで！

やったあ！　バレンタインの日に出るケーキ、おいしいよねー。

デザートかぁ。わかめご飯より好きなんて意外！

ベストアンサーの人にみんなで拍手を送りましょう！　選ばれなかった答えについては、だれが書いたか秘密にしておきます。では、次に2番の人のお題を発表しますね。

グッドフレンズ

■準備物

・お題
・Ａ６サイズ程度の紙を人数×５枚程度

1　お題を知る

今日は友だちの新しい面を知って、もっと仲良くなれるようなゲームをしましょうか。まずは、６人班の中で番号を決めます。１番の人は全員分の紙を取りに来てください。

先生が、お題と番号を言います。みんなはその番号の人が喜びそうな答えを紙に書いてください。真面目に書いても、ボケてもいいですよ。ただし、他の人とかぶらないように考えてね。

１回やってみましょう。お題は「好きな給食のメニュー」。番号は１番です。みんなは１番の人が喜びそうな答えを、記名なしで書いてください。

2　答えを考える

かぶっちゃだめなのかぁ。「カレー」って書きたいけど、かぶりそうだよなぁ…。

協力することの楽しさを体験する

【パイプライン】

おすすめ学年		
低学年	中学年	高学年

30人もの子供がいたら、中には気が合わない人がいるのは当たり前のことです。だから「全員と仲良くする」というのは難しいし、時として苦しいものです。それでも、縁あって同じクラスになり、1年間を一緒に過ごすクラスメイトです。**同じ目標に向かっているときは力を合わせることが必要なことや、好きじゃないからといって排除するのではなくよい距離感で共存することが大切だということを話すようにしたい**ものです。

「協力することを楽しむ」という体験をするためにおすすめなのが、「パイプライン」です。それには、次のような理由があります。

①まだ人間関係ができ上がっていない段階でも協力することの楽しさを体験しやすい。

②ゴールがわかりやすく、達成感を味わいやすい。

③やっているうちに肩と肩が触れ合うなど、自然と身体接触が生まれる。

ルールは簡単そうですが、きっと子供たちは何度も何度も失敗します。意見が対立することもあるでしょう。ときどきグループを集めて「どうして失敗したのか」「うまくいくにはどうすればよいか」「みんなが楽しめているか」を考えさせましょう（担任は指導するのではなく、聞き役に徹します）。**クラスみんなで協力することがクリアへの道ですから、よいアイデアが出たら他のチームにもシェアするとよいでしょう。**

「協力することができたか」「みんなが楽しめたか」「どんな言葉をかけたか」「これからも大切にしたいこと」「助けてもらったとき感じたこと」などをキーワードに、振り返りを行いましょう。

【アレンジ】（①→③の順に難しくなる）

①パイプ同士がくっついてはいけない
②ビー玉を止めてはいけない
③ビー玉がバックしてはいけない

2　活動を行う

ぎゃー、落ちた！

何やってんだよ、オマエのせいだからな！

ちょっと待って。今、みんなが楽しめてるかな？

失敗したらドンマイって言おうよ。

落ち着いて、ちょっと話し合わない？

入ったぁ！　イエーーイ！　先生、この後は？

この後？　もし本当の火事だったらどうする？

えっ？　よし、他のチームを手伝いにいくぞ！
おーい、助けに来たぞー！

パイプライン

■準備物

・パイプ用の紙（Ｂ４コピー紙など）×人数分
・ビー玉とフラフープ×グループ数
・バケツ×１個（フラフープと10～15m離して置く）

1　ストーリーを語って世界観に入る

今日は１時間使って、協力することを楽しむゲームをしましょう。想像してください。あそこ（フロア中央のバケツ）で火事が起こっています！　皆さんは８人で１チームになり、この消火弾（ビー玉）を火元に運んでください。全チームが運べたら消火成功です！

最初の人はフラフープの中に立って、消火弾をスタートさせます。紙を両手でU字型に丸めてパイプにし、その中を転がしていきます。パイプは隣同士でくっついても OK ですが、折るのは NG です。自分のパイプに消火弾が乗っている人は歩けません。消火弾にはスタートのときだけ触れます。途中手で触ったり落としたりしたらはじめからやり直しです。どんな方法で運ぶか、作戦タイムを５分取ります。ゲームの制限時間は20分、振り返りが15分です。では、スタート！

クラスみんなでチャレンジし、一体感を味わう【インパルス】

おすすめ学年		
低学年	中学年	高学年

学級開きから少しずつ関係を深め、友だちと協力することの楽しさを体験することができたら、少しずつ難易度が高い活動にも挑戦してみてください。みんなでチャレンジして一体感を感じることができると、学級もまとまってきます。

「インパルス」のような**タイムを縮めていく系の活動は、スモールステップで目標設定を更新していくことで、短い時間に何度も成功体験を積めます。**毎回、目標タイムと実際のタイムを黒板などに書いて可視化しておくと、自分たちの成長を実感することができるのでおすすめです。目標設定は、易し過ぎても難し過ぎてもよくありません。**ちょっとがんばれば達成できそうな小さな目標を、子供たちと一緒に考えてみてください。**

また、**手をつなぐことが必要だったり、お互いに協力して課題解決に向かったりするよ**

うな活動をする前には、アイスブレイクを入れるようにしてください。たとえ泳ぎが得意な人でも、準備運動なしでいきなり飛び込んだら足をつってしまうものです。「おにあそび」や「キャッチ」などのあそびで心と身体を温めてから行うようにしましょう。

【ポイント】

・手をつなぐことに抵抗がある場合には、手と手の間にハンカチを挟んだり、手をつながないアレンジにしたりと、無理はしないようにしましょう（ハンカチを握っている場合は、下方向に引っ張るようにするとよいです）。

・両手同時に「ギュッ」を回すと難易度がアップします。また、手を握る代わりに、胸の前で拍手をする、足を踏み鳴らす、指を鳴らす、舌を鳴らすなど、いろいろな方法で挑戦できます。

・振り返りのキーワードとして「手を握られたときどんな感じだった？」「目標決めのときに大切なことって何？」「成功したときどう思った？」などが考えられます。

・同じ目的でできる別のあそびに「パタパタ」「ワープスピード」「フープリレー」などがあります。

2　最速タイムに挑戦する

えー、時間計ってたのー!?

ここからがチャレンジです。これをなるべく速く回してみましょう。何秒ぐらいでできそうかな？

10秒！　3秒！　20秒？

いろいろ出たね。じゃあ最初は、20秒からいきましょうか。では、よーい、スタート！

(ギュッ…ギュッ…ギュッ…ギュッ…)

ただ今の記録…、17秒38！

20秒切った！　イエーイ！

まだ早くできそう？　15秒以内？　OK、じゃあやる前に、どうやったら速くなるか作戦会議してみようか。

はじめから軽く握っておくといいかも。

よく見たら、ギュッてしているのって見てわかるよね。どこを回っているか見ておこうよ。

OK、じゃあそれらを意識してやってみよう！

インパルス

■準備物

・ストップウォッチ

1　ルールを理解する

これからクラス全員で、あるチャレンジをします。すごく難しいけど、みんなならきっと成功できると思うんだ。やってみる？

もちろん！

じゃあまずは、みんなで輪になって手をつなぎます。もう、ここからチャレンジだよね。まだはずかしいとか抵抗があるってときは教えてね。

できました！

すばらしい！　ではまず、先生が右手をギュッと握ります。握られた人は、反対の手をギュッとしてください。こうしてギュッをリレーしていって先生のところまで戻します（そっとタイムを計っておく）。

OK、戻ってきました！　今、35秒でした。

コラム

教室に置いておきたい 優勝カップ（トロフィー）

クイズ大会、百人一首大会、体育のバスケットボール大会など、学校生活で「〇〇大会」を開くことはよくあるのではないでしょうか。せっかく大会を開くのですから、優勝者（優勝チーム）には優勝カップを授与してみませんか。

優勝カップは通販などで購入することができます。刻印をすることができますので、「キタガワカップ　優勝」のように担任の名前を刻んでおくと見映えがします。

優勝カップのよいところは、賞状と違って「優勝杯返還」ができて、使い回せるところです。表彰式で授与したカップは教室に飾っておき、次の大会の開会式で返還してもらいます（高確率で、子供たちから「家に持ち帰りたい！」と言われますので、2～3日なら認めてあげるとよいでしょう。保護者にも喜ばれます）。

大会名や優勝者を手書きしたペナントリボンをつけていくのもおすすめです。大会を繰り返すたびに増えていき、数年間使った優勝カップは、リボンでいっぱいになります。リボンに先輩の名前を見つけて「自分の名前が残るんだ！」と、子供たちの意欲を上げる効果もあります。

第4章

日々の授業をより楽しむ

担任の話をよく聞く【見ていた？聞いていた？突然じゃんけん】

おすすめ学年

低学年	中学年	高学年

授業には学習規律が欠かせません。きちんとした学習ルールを決めることが学級経営には重要です。時間のルール、発言のルールなどいろいろなルールがあると思いますが、中でも**「担任や友だちの話はよく聞く」ということは特に大切**です。

「話の聞き方あいうえお」のような実践を行っている学校もあると思いますが、僕が教師として一番心がけていることは**「シンプルに短く話す」**ということです。「教師の話は長い」とよく言われますが、だらだらと長く話していたら集中が続かないのも無理はありません。どのクラスにもいる元気で活発な子が、話の途中で手あそびしたりおしゃべりしたりというのは想像に難くないでしょう。そんなとき「手あそびしない！」「ちゃんと話を聞きなさい！」なんて叱ってしまうと、その子との関係が冷えてしまいますし、クラス全体の雰囲気も悪くなります。悪い子を探して叱るのではなく、**よくやっている子に注目してほめるという意識が大切**です。ここで紹介しているようなあそびを取り入れることも有効でしょう。叱る言葉は、「ここぞ」というときのために取っておきましょう。

ところで、日頃からYouTubeやTikTokを楽しんでいる現代の子供たちですが、動画を見るときに1・25倍や1・5倍速で見る子も多いそうです。ただでさえ早口のユーチューバーの話を、さらに速めて聞いているわけですから、担任がゆっくりしゃべっていたら集中は切れます。だから僕はここ数年、あえて早口でしゃべるようになりました。早口にしてテンポを上げ、スピード感を出すと、子供たちが授業に乗ってきますし、集中力も高まります。子供たちの適応力はすばらしいので、意外とすぐに慣れてしまいます。

【アレンジ】

じゃんけんではなく3択クイズにします。例えば「あぁ、海に行きたい」のような発言をした後、「3択クイズです！　先生が今行きたい場所はどこでしょうか？　①富士山、②海、③ラーメン屋」のようにクイズを出します。

2　聞いていた？じゃんけん

この後の流れについて説明します。まずはパイプいすをたたんで片づけて…

ぺちゃくちゃ…

（う～ん、話に集中できていない子が多いな…）

（小声で）パー、グー、チョキ。

（あっ、じゃんけんくる！）

おしゃべり禁止！　今から先生と３回じゃんけんをします。先生はさっき言った順番に出します。話をちゃんと聞いていた人は３連勝できますよね？　じゃんけん、ポン、ポン、ポン！

聞いててよかった～！　３連勝だ！

聞いてなかったのがバレた～。

３連勝した人は起立！　皆さんは先生の話をしっかり聞いていた人です。すばらしい！　拍手～！　勝てなかった人、先生が話しているときは集中して聞くんですよ。大切なことを話していますからね。それに、今みたいに突然じゃんけんが始まるかもしれないしね！

見ていた？聞いていた？突然じゃんけん

■準備物

特になし

1　見ていた？じゃんけん

同じ台形をひっくり返して並べると、大きな平行四辺形になりますね。はい、ここ、しっかり見てください（黒板をコツコツとたたきながら、図の前でチョキを出してアピール）。

（あれっ、先生の手がチョキになってる…）

突然ですが、おしゃべり禁止！　全員起立！　今から先生とじゃんけんをします。先生は今、図の前で出していた手を出します。ちゃんと見ていた人は勝てるよね。じゃんけん、ポン！

あ〜、よそ見してたから勝てなかった…。

勝った人は、先生のことをよく見ていたね。すばらしい！　勝てなかった人、先生が「見てください」って言ったときはしっかり見て、説明を聞くようにしましょう。そうすれば賢くなれるし、じゃんけんにも勝てますよ。

楽しみながら学習する【クイズでドン!】

おすすめ学年

低学年	中学年	高学年

　勉強はつまらなくても我慢して取り組まなくてはいけないものだと思いますか。勉強を楽しむことは不可能でしょうか。僕は、勉強を楽しむことは可能だと思っています。例えば、授業の終わりに「今からこの時間に学習したことの確認テストをします」と言うのと「今からこの時間に学習したことでクイズ大会をします」と言うのとでは、子供たちの反応は大違いです。出す問題がまったく同じだったとしても、です。

　この例のように、テスト→クイズと名前を変えるだけでも、印象はガラリと変わります。**算数の問題は「パズル」に、漢字や理科・社会の重要語句は「クイズ」に名前をリニューアルしてみましょう。**問題の出し方も、クイズ番組のように「ジャジャーン」と効果音つきで出題すると盛り上がります。

「クイズ化」は、楽しいだけでなく学習効果が上がる利点があります。心理学の世界では「想起練習」や「検索練習」と呼ばれており、**学習したことを意識して思い出すことで記憶の定着率が上がる**ことがわかっています。さらに「分散学習」の手法を用いて、**同じ学習内容を2日後、2週間後、2か月後と間隔をあけて復習すると、さらに効果的**です。

クイズの出し方も、ワンパターンでは飽きてしまいます。次のように、いろいろなパターンをもっておくといろいろな場面で重宝します。クイズは自由回答ではなく選択肢を設けると、学習が苦手な子も含めて全員が参加できるようになるのでおすすめです。

【アレンジ】

- ○×クイズ（手で○か×を出す形式、間違えた子から脱落する形式、教室の左右に移動する形式、など）
- 3択クイズ（正解で挙手する、番号を指で出す、チームで相談する、など）
- スリーヒントクイズ（わかった子からこっそり言いに来る、ノートに書く、など）
- 早書きストップ（個人でノートに書く、チームで相談してホワイトボードに書いていく、など）

(しめしめ。覚えてるもんねー)

答え合わせをしましょう！　1問目、×。2問目、○……。では、結果を聞きます。3問正解の人？　4問正解の人？　最後、たぶんいないと思うけど、全問正解の人？

はい！

すごい！　おめでとう！　みんな拍手～！

2　早書きストップ

班対抗で、早書きストップゲームをしましょう！　お題は「地図記号」です。班で相談しながら、ホワイトボードに書いていきます。記号と名前をセットで書いてくださいね。たくさん書けた班の優勝です。時間は3分、よーい、ドン！

えーっと…、畑！　「V」が3つのやつ！

この間、老人ホーム習ったよね？　おうちの中に杖のマーク！

「X」が警察署だったよね？

それ交番じゃなかった？　えっ、どっちだっけ？　警棒が基になってるのは覚えてるんだけど…。

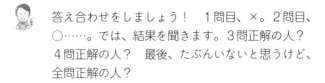

クイズでドン！

■準備物

特になし

1　ノートに5問クイズ

では、授業の最後にクイズ大会をします！

イエーイ！

全部で5問出しますから、答えをノートに書いてください。たくさん正解した人が優勝です。では第1問。ジャジャーン！　植物が発芽するための3条件は、水、空気、太陽光である。○か×か。

簡単、簡単♪

（中略）最終問題。選択肢なしの難問です！　教科書にときどき出てきてアドバイスをしてくれる、このキャラクターの名前は？

えーっ！　この子、名前あったのー!?

4月の最初の授業で紹介しましたよ！　さて、何人が覚えているかな？

1人1台端末でクイズ学習をする［Kahoot!］

おすすめ学年		
低学年	中学年	高学年

前項では学んだことをクイズ形式で復習するメリット、方法などを紹介しました。これをＧＩＧＡスクール構想で配付されたタブレット端末で楽しめるのが、「Kahoot!」(https://kahoot.com/) です。

Kahoot! を使えば、まるでテレビ番組のようなクイズ大会を開くことができます。担任は大型テレビなどにクイズの問題を映し、子供たちは手持ちの端末から解答します。音楽、アニメーション、演出などが充実していますし、ランキング発表などもあり、ワクワクしながら楽しむことができます。教員側には個人の成績や間違えた問題、全体的に正答率の低かった問題などもわかりますから、苦手・課題を把握することもできます。無料、そしてアプリのダウンロード不要で楽しめるところも秀逸です。

さらに、個人戦はもちろん、チーム戦を行ったり全員の協力プレーでクリアを目指したりと、ゲームモードが豊富なところも魅力です。飛んできた宝物をキャッチする、追ってくるモンスターから協力して逃げる、「スプラトゥーン」のように塗った陣地の広さで勝負など、楽しみながら学べる工夫がいっぱいです。様々なゲームモードを選ぶことで、担任のねらいに沿った使い方をすることができます。例えば、各自の進度で計算問題を解かせる、復習として宿題に出す、まとめとしてクイズ大会を開く、などです。

最もおすすめしたいのが、**子供たちがクイズをつくる**という使い方です。学習のまとめとしてオリジナル問題をつくることや、係活動や調べ学習の発表として問題をつくることもできます。問題をつくるためには、そのことに対してしっかりと理解していなければなりません。**クイズづくりは最高の学習**なのです。クイズづくりをする際は、複数端末で共同編集ができないため、代表者の端末でつくるかFormsを使って集約し、担任が作成するようにしています。

「ゲーミフィケーション×教育」の王道とも言えるKahoot!。ぜひ一度、試してみてください。

最終問題が終わったので、結果発表です！

ドキドキ…。あー、残念。5位までに入ることができなかったかぁ。先生、もう1回！

2　子供たちがクイズをつくる

今日はKahoot!のクイズをみんなにつくってもらいたいと思います！　1人1問、問題をつくってください。それを集めて、クイズ大会を開きます。テーマは「武士の時代」。条件は、教科書や資料集に答えが載っていることです。みんなの学びになるような問題をつくってね。

どんな問題にしようかなぁ…。

アンケート用にFormsを送りましたから、そこに問題文、選択肢、答えなどを記入してください。

よし、「征夷大将軍に任命され、江戸幕府を開いたのはだれ？」にしよう。選択肢は、徳川家康と織田信長、あとは…。

問題ができたら送信してください。先生の方でまとめます。おぉ、良問が多いですね。これは楽しみです！

先生、早くやろうよ！

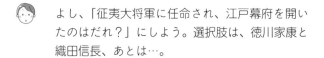

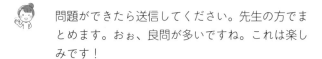

Kahoot!

■準備物

・タブレット端末
・大型テレビ

1　クイズ大会を開く

今日はタブレットを使ってクイズ大会をします！　Google Classroom に貼ったリンクか、テレビの QR コードを読み取って参加してください。

ニックネームを入れるんだ。何にしようかな…。

全員そろったようなので始めますね。今回のお題は「実験器具の使い方」です。では、第１問！

メスシリンダーの正しい読み方か。４つの中から答えを選べばいいんだね。

早く答えるほど得点が高くなります。全員の答えがそろいました。正解は…「赤」です！　メスシリンダーは水面の一番下を真横から見ましょう。

よし、正解！　おー、現在３位だって。次はもっと早く正解して１位を取るぞ！

語彙力、表現力を高める

【辞書引きバトル】

おすすめ学年		
低学年	中学年	高学年

子供たちの語彙力低下が問題になっています。皆さんの学校ではどうでしょうか。普段の会話を聞いていると、「ヤバい」「マジで」という言葉ばかり聞こえてきませんか。日記や作文を読むと、「楽しかったです」「うれしかったです」と平易な表現しか使えない子が多くいませんか。

例えば「感動する」という言葉1つをとっても、「感極まる」「ぐっとくる」「心を打たれる」「胸に響く」など、日本語にはたくさんのすてきな表現があります。**語彙力を高めることで豊かな表現ができ、国語力、ひいては学力につながっていきます。**

辞書を引いて新しい言葉を覚えることが大切なのは言うまでもありませんが、日頃から辞書を引くことを習慣にできている子がどれぐらいいるでしょうか。そんな、辞書を引き、新しい言葉を覚えることをゲーム化し、楽しみながら語彙力を高めることができるのが「辞書引きバトル」です。

このゲームは、知らなかった言葉に出合えたり、新しい語彙が増えたりするだけでなく、選んだ理由を話すことで、プレゼン力、表現力も磨くことができます。さらに、例えば「あたたかい」という言葉を、物理的なあたたかさと心のあたたかさのように、別の視点で見ることもできるようになります。毎日の国語の時間に、5分間だけ続けてみると、きっと言葉のもつおもしろさや不思議さに気づく子供が増えるはずです。

【ポイント】
・5〜6人のグループで行います。
・全体で行う場合、言葉を探す部分を全員で行い、発表するのは代表者とします。投票は全員からとするとよいでしょう（代表者は日替わり）。
・時間に余裕があれば、投票した際に選んだ理由を言うのも効果的です。

おいしいもの…、あっ「たこ焼き」発見！

「大豆」があったぞ。枝豆はおいしいし、醤油や味噌の原料にもなる。これはいいな。

3　発表する

では時間です。書いた言葉と意味、選んだ理由を発表してください。

私が選んだのは「棚からぼたもち」です。意味は思いがけない好運を得ること、労せずしてよいものを得ることのたとえです。選んだ理由は、ぼたもちがおいしいのはもちろんだけど、思いがけないラッキーが起こったときのことも「おいしい」と表現することがあるからです。

なるほど。そっちの意味の「おいしい」かぁ！

4　投票とその理由の共有を行う

では、投票タイム。自分以外の名前をホワイトボードに書いてください。（中略）○○さんの「棚からぼたもち」を選んだ理由は？

２つの意味を考えて言葉を選んでいたからです！

【参考サイト】「コトバト　辞書を使った語彙力バトル」（小学館）

辞書引きバトル

■準備物

・国語辞典（1人1冊）
・ミニホワイトボード
・ストップウォッチ

1　ルールを理解する

今日は国語辞典を使った「辞書引きバトル」をやってみましょう！　まず先生が「お題」と「探す場所」を指定します。例えば「楽しそうな言葉」を「あ行」から探すといった感じです。3分以内に1つだけ選んで、ホワイトボードに書こう。

次に選んだ言葉と辞書に載っている意味、選んだ理由を発表します。グループ内の全員が発表できたら投票タイムです。自分以外の人で、一番説得力があった人に投票します。最多票を集めた人の勝ちです。

2　言葉を探す

では、やってみましょう。お題は「おいしいもの」、探すのは「た行」です。

学級会の話し合いを円滑に進める

【賢者の杖】

おすすめ学年		
低学年	中学年	高学年

あそび要素の少ない活動にはなりますが、学級会でおすすめの取組が「賢者の杖」です。いわゆる「学級会」では、前方に司会役や書記役がいて、その他の子は前向きや、コの字型に机を並べて話し合うことが多いと思います。しかし、なかなかいい話し合いにならないという悩みをもつ方もいるのではないでしょうか。

例えば「お楽しみ会でどんなあそびをするか」について話し合うとします。「僕はドッジボールがいいと思います」「私はドロケイがいいです」「僕はおばけ屋敷がしたいです」「おばけ屋敷に賛成です」「ドッジボールに賛成です、やるなら男子対女子がいいです」。このように、**一部の子だけが自分の意見を一方的に話し、そのうえどんどん話題が変わってしまう。これでは全員が参加して協力したとは言えません。**

そこで話し合いのとき、いすだけを円形に並べ、その中心に「賢者の杖」を置くようにします。意見を発表する人は、その杖を取って自分の席に戻り、杖を持ちながら話します。杖を持っていない人は聞くことに集中するというのが約束です。

この活動のよさとして、次のような点があります。

・輪になり、魔法の杖があるというシチュエーションが、話しやすさを演出する。
・杖を持っている人しか話さないので、みんなが集中して聞く。
・ちゃんと聞いてくれるから、おとなしい子も安心して発言することができる（杖を取る勇気は必要ですが、一度発言できると自信がつきます）。
・何かを手に持って話すと安心する。

杖は、ハリー・ポッターが持っているような魔法の杖がベストです。みんな持ちたがるし、持つだけでテンションが上がります。また、多数決で決めるときのおすすめ技として、1人3回手をあげるようにします。**一度で決めずに選択肢を絞っていくことで、最終的に選ばれた解決策に関わっている確率が高まり、納得する子供が増えます。**

まずは２分間、近くの人と相談してください。

では、話し合って出たアイデアを発表してください。発表したい人は、賢者の杖を取って話します。杖を持っていない人は、聞くことに集中しましょう。協力して話し合うためには、他の人の意見を聞くことも大切ですよ。

僕たちは水鉄砲大会がいいと思いました。夏で暑いから、水あそびをしたら気持ちいいと思います。

私たちはカラオケというアイデアが出ました。グループをつくって歌ったら楽しいと思います。

僕はドッジボールがやりたいです。男子対女子にして、柔らかいボールで、女子にはハンデをつければ楽しいと思います。

（中略）アイデアが出そろいました。意見や質問などがある人は、自由に杖を取って話しましょう。取り合いにならないように、譲り合ってくださいね。

（質問や反論、説明などが繰り広げられる）

では多数決をします。いいなと思ったアイデアに３回まで手をあげてください。過半数を超えたアイデアに絞っていきます。

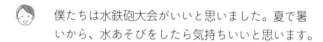

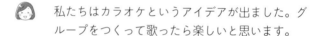

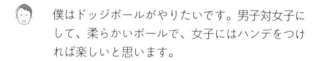

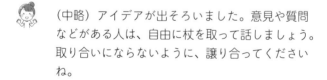

賢者の杖

■準備物

・賢者の杖（ハロウィングッズにある魔法の杖など）

1　ハッピーサンキューナイスを発表する

全員いすだけで輪をつくって座りましょう。まずは、あたたかい雰囲気にするために、ハッピーサンキューナイスを発表していきましょう。杖を回しますので、最近うれしかったことや感謝したいことなどを順番に言ってください。思いつかなかったら、最初のうちはパスでも OK です。

休み時間にドロケイをやって楽しかったです。

○○さんが算数のときアドバイスをくれました。

△△さんが転んで泣いている１年生に声をかけていました。すてきです。

2　話し合いを行う

すてきな発表がたくさんありましたね！　では、今日の学級会の議題は「お楽しみ会で何をするか」です。最初だから先生が司会をしますね。

おすすめ学年		
低学年	中学年	高学年

意欲的に宿題に取り組む
【宿題のゲーム化】

ゲームなら2時間でも3時間でもできるのに、宿題は5分で嫌になってしまうのはなぜでしょうか。そもそも宿題を出すことの賛否もあるでしょうが、日課として出している方は多いと思います。しかし多くの子にとって宿題は、「つまらない」もののようです。ゲーム用語で言えば「クソゲー」ですね（笑）

では、少しでも宿題を楽しくするにはどうすればよいでしょうか。1つの答えが、宿題のゲーム化（ゲーミフィケーション）です。ポイントは、**宿題にはなく、ゲームにはある楽しい3つの要素「目標」「報酬」「現状可視化」**です。

RPGゲームを例にしてみます。

①目標…勇者が平和のために魔王を倒す。
②報酬…モンスターを倒したりクエストをクリアしたりすると経験値やお金がもらえる。
③現状可視化…レベルや覚えた魔法、特技、能力値がわかる。

この3つの要素を宿題にも応用してみます。「目標」はミニテストやテストで合格点を取ること、「報酬」はスタンプやシール、「現状可視化」は合格した数でレベルが上がる、といった感じです。

報酬に関してはもうひと工夫。ウィークリーミッションを設定したり、スタンプが貯まったらサイコロを振って出た目に応じてもらえるシールが変わったりするようにします。これは、**確実にもらえるものよりも多少運の要素が絡むものの方が希少性が高く「ほしい」と思わせる力が強いから**です。スマホゲームの「ガチャ」のような感じですね。**ゲーマーの心情として、「穴が空いていると埋めたくなる」というのもあります。**コレクション要素を盛り込み、モチベーションのアップをねらってみてはいかがでしょうか。
なお、アナログのワークシートではなく、タブレット端末を使うのも有効です。

2　育成ゲーム風ワークシート

漢字では小テストをするたびに得点をワークシートに記入します。90点以上の合格点を取るとレベルが１つ上がります。すべてのテストの合計得点が HP で、100点ごとにレベルが上がります。テストは翌週以降に再挑戦も OK です。

100点満点なら一気に２つレベルが上がるのか！

レベルが上がるたびにくじを引き、当たった番号のシールを裏面のシールコレクション欄に貼れます。番号が同じ場合はシールなしで１ポイント。10ポイント集めると好きな番号のシールと交換できます。

わぁ、コンプリートしたい！　宿題がんばろう。

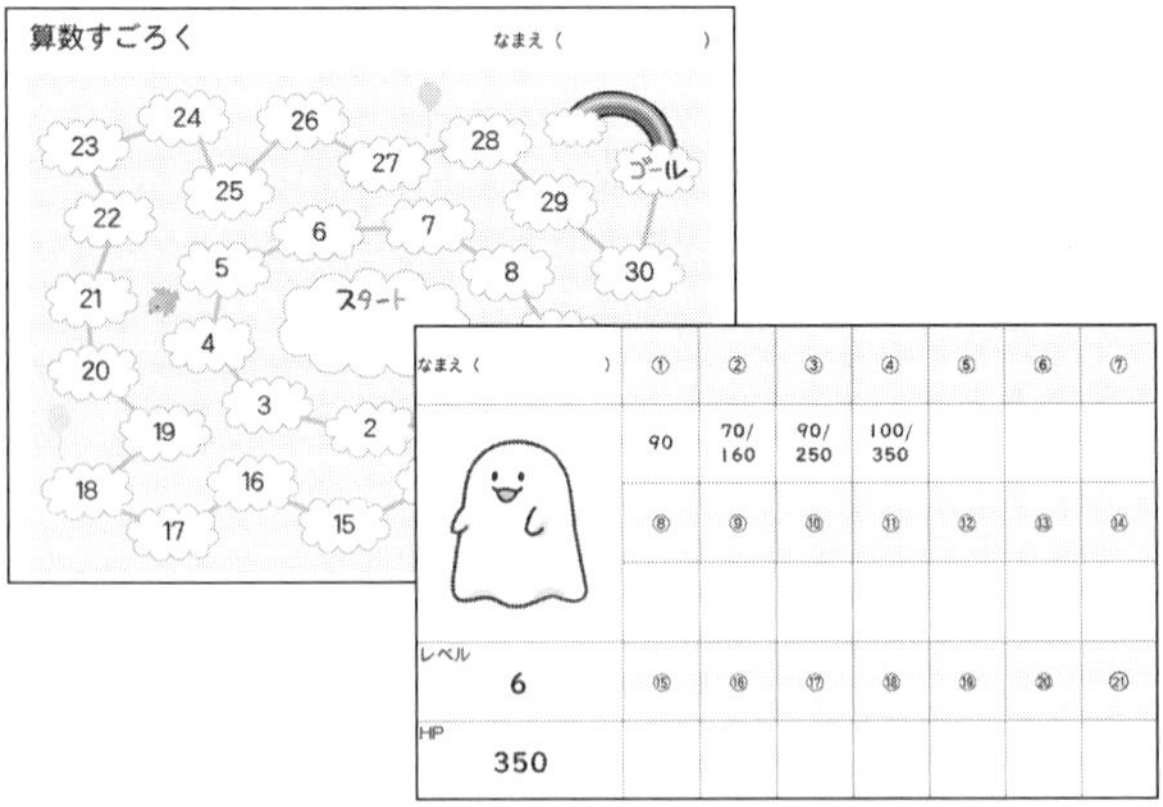

宿題をゲーム化

■準備物

・ワークシート
・スタンプやシール
・さいころやくじ

1　すごろく風ワークシート

算数の宿題で使うワークシートを配りますね。

何これ〜、「算数すごろく」だって！

スタートからゴールまで１つずつ進むのではなく、算数の宿題を提出したらさいころを振り、進んだ先のマスに色を塗りますよ。

ちょっとおもしろそう！

１周目はこの８面さいころを使います。１周クリアしたら２周目は６面、３周目は４面と徐々に面が少なくなっていきます。クリアするたびにくじを引いて、シールもゲットできますよ。

２周目以降は、まだ塗ってないマスだけを数えて進んでいいですよ。さぁ、始めましょう！

コラム

グループ分けを
意図的にする小ワザ

クラスづくりを目的にして行うあそびでは、同じペアや同じグループにさせたい子、逆に同じグループにさせたくない子がいて配慮する必要もあるでしょう。そのときに役立つのが、**「絵合わせカード方式」**です。

まずイラストカードをグループの数分用意します。このカードを２人組にしたいなら２分割、４人組にしたいなら４分割に切って裏向きで子供たちに配ります。その後、一斉に表にして絵柄の一致する相手を探し、同じイラストを持っている子たちでグループをつくるという方法です。

事前に座席表を見ながら、組ませたい子供たちのところへは合致するカードがいくように、組ませたくない場合は合致するカードがいかないように順番に並べておきます。その後、座席順通りに配ることで子供たちに気づかれずに、意図的なペアやグループをつくることができます。

教室以外でやる場合も出席番号順など、決まった順番で並ばせてからカードを配れば問題ありませんし、配慮が必要ない場合はランダムに配って楽しむことができます。

第5章
授業のすきま時間を楽しむ

余った5分で知的に楽しむ

【ナンバーズ】【セイムカット】

おすすめ学年

低学年	中学年	高学年

予定した学習が5分早く終わってしまった。教師ならだれしも経験することだと思いますが、皆さんはそんなときどうしていますか？　いろいろなアイデアがあるでしょうが、ポイントは、**このラスト5分を飽きさせない**ことだと思います。

いくつか、僕が思いついたものをあげてみます。

①学習内容の復習をする（前述したクイズ形式がおすすめです）。
②早めに休み時間にしてしまう（お手軽。1～2分ならよくやります）。
③読書の時間にする（すぐ出せるところに本を1冊入れさせておきましょう）。
④次の学習範囲に進む（次回予告のイメージ。あえて中途半端なところで終え、続きが気になる状態にすることも。心理学用語で「ツァイガルニク効果」といいます）。
⑤ぱっとできるあそびをする（ここで紹介していきます）。

どのアイデアにもよさがあり「絶対にこれ！」というものはないでしょう。そのときの雰囲気や状況に応じて選択する必要があります。そして、この5分の使い方が学級経営上とても大きな武器になります。**「やることがしっかり終われば、後で楽しいことができる」という経験を積ませていくことは、安定した学級経営につながります。**これがひいては子供たちの学力向上や教師の定時退勤にもつながっていくと思います。

【「ナンバーズ」のポイント】

・繰り返しあそぶと、「さっきは4で勝てたけど、次は？」「あの人はまた1で来るかも」というような心理戦を楽しむことができます。

・一度経験しておけば、次からは1分で楽しめます。僕はある研究授業の際、チャイムを待っている間にこのあそびをして、緊張を和らげたこともあります。

【「セイムカット」のポイント】

・高得点がほしいけどかぶって0点になるかも。そんなジレンマが楽しいゲームです。

・アレンジルールとして、担任が選んだ数字と同じだったらマイナス10点、またはボーナスでプラス10点、などのルールを加えてもおもしろいです。

2　セイムカット

１～50の中から数字を１つ書きます。書いた数字がそのまま自分の得点になりますが、他の人とかぶったら０点です。全部で５回やり、合計点数が高かった人の勝ちです。では、１つ目をどうぞ。

(もちろん50でしょう！)

(かぶりたくないから、38ぐらいにしようかな)

50からカウントダウンしていきます。50の人？

あ～、３人もかぶった！

残念、３人は０点です。斜線で消しておいてください。次、49？　いない？　48は？…

これで全員出ましたね。では２回戦に行きます。新しく数字を書いてください。

(今度こそ50だ！)

(中略) これで５回戦終了です。合計得点を聞きます。100点以上の人？　150点以上は？　おぉー、Ａさん、何点ですか？　Ｂさんは？

今回の優勝はＢさんでした。拍手～！

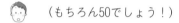

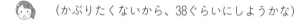

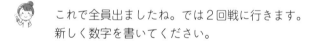

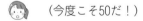

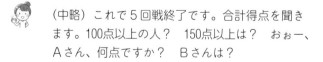

ナンバーズ
セイムカット

■準備物

特になし

1　ナンバーズ

「ナンバーズ」を始めます。１～15の中から、好きな数字を１つ選んで心の中で決めてください。１が一番強いですが、他の人とかぶった場合はアウトです。オンリーワンをねらいましょう。

（１は絶対かぶりそうだし４にしておこうかな）

（１が一番強いんでしょ？　じゃあ当然１！）

では15から聞いていきますので、自分が決めた数字で手をあげてください。15はいますか？

(中略）４は？　おぉ、○○さんだけ！　○○さんが暫定勝者です！

やった！　あと3、2、１だけ。お願い！

最後、１の人は？　あー２人いました。残念！優勝は４を選んだ○○さんでした。拍手～！

試行錯誤することを楽しむ【謎解きクイズ】

おすすめ学年		
低学年	中学年	高学年

授業のすきま時間はもちろん、担任不在のクラスに補助で入ったときなどにも使える鉄板ネタが、ちょっとイジワルな謎解きクイズです。これはいわゆる「頭の体操」で、正答するには試行錯誤して考え、ある秘密に気がつく必要があります。秘密さえわかってしまえば「なーんだ、くだらない」と思うのですが、気づかない子はなかなか気づけません。少しずつ正解者が出ていく中で「えっ?」「なんで?」と大騒ぎになり、とても盛り上がります。

クイズを楽しむポイントは、「はじめのうちはヒントなし」と「すぐに秘密を言わない」です。少しずつヒントを出していくことで、秘密に気づく喜びを味わわせてあげましょう。それでもわからなかったらタネ明かしをしてもよいですし、「あとはわかった友だちにヒントを出してもらってね」と任せると、休み時間に友だち同士で盛り上がります。「帰ってから家の人にも出してごらん」と伝えるのもよいでしょう。「ブラックアート」「ミルクと水」「基本形」など、同様のクイズはたくさんあります。探してみてください。

①これ何のたまごクイズ

秘　密…質問の語尾が、たまごの頭文字になっている（なんだ?↓だちょう、なんでしょう↓うずら、なに↓にわとり）

ヒント…「よーく聞いてね」と言い、語尾を強調する／「手の形がなくてもわかるよね?」と言う／ペンギンのたまご（なんだっぺ?）を追加する

②パラシュートクイズ

秘　密…ひらひらさせている左手は関係なく、右手がパーなら開いている、グーなら閉じている。

ヒント…「いろんなところをよく見てね」と言う／右手を目立つ場所に示す

（ダチョウのたまごを示し）じゃあこれはなに？

（あてずっぽうで）にわとり！

にわとり、正解！　でも、秘密はわかった？

2　パラシュートクイズ

パラシュートは、開いているものと閉じているものがあるんだ。よく見てどちらか当ててね。

（左手をひらひらさせながら）パラパラパラパラパラシュート。これが開いてるパラシュート。（さりげなく右手はパーにしておく）

次ね。（左手を似たような動きでひらひらさせながら）パラパラパラパラパラシュート。これは閉じているパラシュート。（右手はグーにしておく）

問題です。（右手はパーで）パラパラパラパラパラシュート。これは開いてる？　閉じてる？

何が違うの？　閉じてる方かな…？

正解は…、開いてるパラシュートでした！

え〜、全然違いがわかんない！

謎解きクイズ

■準備物

特になし

1　これ何のたまごクイズ

謎解きクイズを出すよ。うずらのたまごはこんな感じ、にわとりのたまごはこんな感じ、ダチョウのたまごはこんな感じ。

うずら　　にわとり　　だちょう

(手でうずらのたまごを示し）これなーんだ？

うずらー！

残念！　今のはダチョウでした。

えーっ、なんで～？

ある秘密があるから、謎解きしてね！

リズム感、器用さを高める【手あそび歌】

おすすめ学年		
低学年	中学年	高学年

昔から親しまれている手あそび歌。幼いころに親とあそんだり、幼稚園や保育園で先生に教えてもらったりと、多くの子供たちが経験してきていると思います。そんな手あそび歌には、子供の成長にたくさんのメリットがあると言われています。歌を歌ったりリズムに合わせて体を動かしたりすることでリズム感や集中力がつきますし、手先を使うことで器用になります。手先を使うことは脳を活性化させるとも言われます。

特に低学年の子供たちは集中力が切れやすく、45分間の授業の中でリフレッシュする時間を取ることが欠かせません。15分程度集中して学習に取り組んだら、一度ノートを見せに来るようあえて立ち歩かせたり、近くの友だちと話し合わせたり、○×クイズやちょっと脱線したトークをさせたりするのもよいでしょう。

そんな子供のリフレッシュの手段の1つとして、手あそび歌をいくつかもっておくことをおすすめします。

手あそび歌というと、乳幼児向けのものが多いと思われがちですが、ゲーム性や笑い要素があるものを選べば、小学生でも十分楽しめます（難易度が高いものは、高学年の子や大人でも楽しめます）。

【ポイント】

・はじめはゆっくり、一拍一拍確認しながらやりましょう。
・慣れてきたらだんだんスピードアップしていきます。担任がフルスピードを披露すると子供たちのやる気に火がつきます。

【バリエーション】

・「山小屋いっけん」「奈良の大仏さん」「こぶじいさん」「カエルの歌」「三ツ矢サイダー」「ユポイヤイヤエーヤ」「ジョンブランのおじさん」など。どれも、YouTube で探すと動画を見ることができます。

結構難しそう…。

一緒にゆっくりやってみましょう！　あんた①がった②　どこ③　さ②　ひご③　さ②

2　線路は続くよどこまでも

今度は「線路は続くよどこまでも」です。リズムよく身体をたたいていきますよ。

まず自分の両ひざ（1）。右にずらして（2）、自分の両ひざ（3）、左にずらす（4）。ここまでOK？　続き行きますね。また自分のひざ（5）、手をクロスして自分のひざ（6）、サムズアップして（7）、最後は「オー」（8）。この繰り返しです。

せんろはつづくよ、オー！　どこまでも、オー！

できた人はだんだんスピードアップしてみよう！

手あそび歌

■準備物

特になし

1　あんたがたどこさ

「あんたがたどこさ」の歌は知っていますか？

知ってる！「あんたがたどこさ、ひごさ…」っていう歌でしょう？

そうです！　この歌に合わせて、順番に身体をたたいていくあそびをします。たたく場所は５か所で、①拍手→②左ひじの裏→③左肩→④右肩→⑤右ひじの裏の順番です。

順番にたたいていきますが、歌詞に「さ」が出たら１つ戻ります。「あんたっがたどこさ」なら、「進む・進む・進む・戻る」になります。

コラム

まだまだあります！
５分でできるあそび

「100分の１アンケート」

①全員の中から「はい！」と答えるのが１人だけになるような質問を考えます。
②思いついた人から挙手して、みんなに質問をします。
③質問に対して「はい」と思った人は手をあげます。
④手をあげたのが１人だけだったら、質問した人とオンリーワンだった人に拍手喝采を浴びせます。

「宝物はなに？」

①おにを１人決め廊下で待ってもらいます。その間に教室内のものの中から宝物を決めます。（例：黒板消し）
②おには宝物を探して教室を歩き回ります。みんなができるのは拍手だけ。おにが宝物に近づいたら強く、遠ざかったら弱く拍手をすることで、宝物を伝えます。
③おには拍手の強弱をヒントに宝物を当てます。解答チャンスは３回です。

「人間まちがいさがし」

①ペアで向き合って、相手の服装などを覚えます。
②互いに後ろを向き、３か所変えます。（ボタンを留める、靴下を脱ぐ、など）
③「せーの」で向き合い、相手の変わったところを見つけたら指摘します。先に全て当てた方の勝ちです。

第6章

心理的安全性を高める

心の抑制を取る
【進化じゃんけん】

おすすめ学年		
低学年	中学年	高学年

この章では、心理的安全性を高められるような活動を紹介していきます。「心理的安全性」はビジネスに関する心理学用語の1つですが、これを学校に当てはめると**「クラスの全員が、気兼ねなく発言することができ、本来の自分を安心してさらけ出せると感じている」**という状態や雰囲気と言うことができるでしょう。

アイスブレイクや様々な活動を通してクラスの空気が温まり、楽しい気持ちやもっとチャレンジしたいという雰囲気ができてきたら、ちょっとはずかしいなと思うような動きが入っているあそびなど、少しリスクの高い活動をしてみましょう。これは「ディインヒビタイザー（De-Inhibitizer）」と言われる活動で、心の抑制を取ることを目標としています。お互いに心から笑い合って楽しむことで「別に変なことをやっても大丈夫なんだ」という安心感を高めたり、気持ちをほぐしたりすることができます。

このような活動は、適切なタイミングで行えば子供たちの距離がぐっと近くなり、さらに難しい課題に挑戦する意欲が生まれます。しかし、**クラスの空気がまだ和らいでいない状態でやると、その距離は一気に広がってしまうので、クラスの状態を見極めることが大切です。**比較的行いやすい活動としておすすめなのが「進化じゃんけん」です。この活動では、動物になりきって表現するというはずかしさはありますが、全員が同時進行で動いているため、自分だけがみんなから注目されることはありません。体育の表現運動（表現あそび）の時間に、ウォームアップとして行うこともできます。進化していく動物をアレンジすることも容易なので、子供たちと一緒に考えてみてはいかがでしょうか。

【アレンジ例】

・たまご↓ひよこ↓にわとり↓フェニックス
・ゴキブリ↓カエル↓ウサギ↓サル↓人間
・人間の上に神様をつくる（だれとでもじゃんけんができ、負けても降格しない）

2　ゲームを行う

上がった人は順番にここに並んで、高みの見物です。それでは、スタート！！

ピヨピヨ、じゃんけん、ポン！　勝った！　次はカニだね。カニカニ…同じカニの人はどこかな？

ゴリラまで来たぞ〜！　ウホウホ！　あっ、ゴリラいた！　じゃんけん、ポン！！　うわぁ負けた〜。またヒヨコからやり直しか。ピヨピヨ…。

やった、上がりー！

おめでとう！　10人上がったら終わりますよー。

進化じゃんけん

■準備物

特になし

1　あそび方を理解する

まずは全員ヒヨコからスタートします。しゃがみながら「ピヨピヨ」と言って歩き回り、じゃんけんの相手を探します。勝ったらカニに進化します。負けた人はヒヨコのままです。

次に、カニはカニ同士でじゃんけんします。勝ったらカモメに進化です。カモメはカモメ同士でじゃんけんし、勝ったらゴリラに。ゴリラで勝ったら人間に進化して上がりです。ただし、途中で１回でも負けたら、ヒヨコに戻ってやり直しです。

１回でも負けたら最初からかぁ。上がるのは難しそうだな…。

カニのときは「カニカニ」と言いながらカニ歩き、カモメのときは「バッサバッサ」と言いながら羽ばたきます。ゴリラのときはわかるよね…？

「ウッホウッホ」と言いながら胸をたたく！

笑い合うことで、体や気持ちをほぐす

【ジェスチャーリレー】

おすすめ学年		
低学年	中学年	高学年

だれでも失敗したいとは思いません。ですが、子供たちの大好きなテレビゲームでは「プレイ時間の80％を失敗に費やしている」というデータもあります。ゲームをしている子たちは、失敗してもがっかりしません。むしろ興奮したり興味をもったり、何より楽観的な気持ちにさせられています。このマインドを、学級にも取り入れたいものです。

人の失敗を笑ってはいけない。そう指導する先生は多いでしょう。確かに、失敗したことをバカにしたり見下したりするような笑いは許してはなりません。しかし一方で、「あはは、しょうがないよ！　次がんばろー（笑）」とか、「ドンマイ、ドンマイ（笑）」のようなフォローになるような笑いもあるはずです。したがって、**大切なのは相手との関係性や距離感**です。**気心が知れている仲間であれば、失敗への笑いはフォローになり得ます。**

子供たちにも、この違いについて話しておくとよいでしょう。失敗に対する笑いには、「情けないな」「みっともないな」といった、いじめにつながるような見下したものと、「ドンマイ」「大丈夫だよ」といった愛のあるものがあるということ。みんなで、愛ある笑いがあふれるすてきなクラスにしていこうということ。そのためには、「今のは見下した笑いになっていなかったかな？」と敏感になり、ダメなときは「ダメ！」と言えるようになってほしいことなどを伝えます。

また、受け取る側の気持ちや捉え方にも差があり、愛ある笑いのつもりだったのに、本人は「バカにされた」と感じてしまうことがあることにも触れておきます。

そして、その差を埋めるためにあそびの力を借ります。一方的でなく、お互いに笑い合うような活動を繰り返すことで、ちょっぴりはずかしいことや、友だちに笑われることに慣れさせていきます。**心理的ハードルを少しずつ上げていくことが大切**で、はじめは「進化じゃんけん」のように全員が同時に動き回るような活動、次に少人数のグループの中で見せ合う「ジェスチャーリレー」のような活動、それからクラス全員の前で発表する「ムード！」のような活動へと進んでいくとよいでしょう。

安心できるクラスづくりのためのゲームですから、どんなことに気をつけたらいいですか？

失敗しても責めない！　ドンマイって言う！

そう、みんななら大丈夫だね！

2　ゲームを行う

最初に2周したグループが優勝です。スタート！

（僕のお題はサッカーか。簡単簡単♪）

（カタツムリ？　どうやって伝えよう…。雨が降ってて、殻の部分がグルグル。頭に角があって…）

雨？　傘？　もう1回やって？　ダメだ、わかんない！　パスしよう。ドンマイ、次行こう！

お題カードの例

- 動物系（ライオン、ゾウ、犬、サル、ゴリラ、キリン）
- 昆虫系（カブトムシ、チョウ、バッタ、カタツムリ）
- スポーツ系（野球、サッカー、スキー、ラグビー）
- 電気製品（洗濯機、テレビ、掃除機、扇風機）
- 乗り物（車、電車、飛行機、自転車）
- 楽器（ピアノ、カスタネット、バイオリン、ドラム）
- 季節系（サンタクロース、トナカイ、獅子舞、お年玉）

ジェスチャーリレー

■準備物

・お題カード（多めに用意しておく）

1　ルールを理解する

「失敗したり笑われたりしても大丈夫」っていう安心感を高めるために、「ジャスチャーリレー」をします。みんなで笑い合って楽しもうね。

まずはグループの中で順番を決めてください。

じゃあ、僕が一番だね。

各グループで一番の人が、お題カードを取りに来てください。もらったらみんなのところに戻り、ジェスチャーだけで伝えます。みんなは、答えがわかったらどんどん答えます。何回答えてもいいですよ。正解したら、次の人がお題をもらいに行きます。

どうしてもわからなかったときはどうしますか？

そのときはパスもOKです。パスした場合は、その人が新しいお題を取りに来てください。

心理的に安心、安全な教室をつくる

【ムード！】

おすすめ学年		
低学年	中学年	高学年

動物になりきったりジェスチャーをしたりと、少しずつ表現することに慣れてきたら、クラス全員の前で演技することにも挑戦してみてください。「みんなに笑われても大丈夫」という経験は、その後の生活でも心（感情）の抑制を取り払ってくれます。

そうはいっても「やっぱりはずかしいからやりたくない」という子もいるでしょう。そのとき、その子にとっての「安心、安全」とは何でしょうか。それは、**「チャレンジするかどうかは自分が決めてもよい」「挑戦しないという選択も認めてもらえる」**ということだと思います。まわりの人が無理やりやらせたり、同調圧力でさせたりしてしまうと、その子にとって教室が安心、安全な場所ではなくなってしまいます。

「今回は挑戦しない」ということを認める、温かい雰囲気をつくっていきましょう。他のあそびをしていても、「今日はなんとなく気分が乗らない」ということもあるでしょう。それも認めます。そんなときは「じゃあここで見ていてね。入りたくなったらいつでも言ってね」と声をかけ、目の届くところで見ていてもらいます。ときどき「どう?」と声をかけ、「君のことを見ているよ」というメッセージを伝えます。友だちがやっているのを見ているだけでもプラスになるということを、子供たちとも共有してください。

【ポイント】

・セリフは日常生活での会話はもちろん、漫画や映画のセリフなど有名なものを入れても盛り上がります。クラスみんなで考えるのもおすすめです。メモ用紙などに1人1つのセリフを書き、そのメモ用紙をランダムに引くようにします。
・お題は一覧にして大型テレビなどに映すとわかりやすいです。簡単過ぎないように、似たようなものを入れるとよいでしょう。

【セリフの例】

「おはようございます」「宿題忘れました」「トイレに行ってもいいですか?」「真実はいつも一つ!」「新しい顔よ!」「うまいっ!」「ゲットだぜ!」など

2　出題者が表現し、みんなで当てる

演じるチャンスは1回のみで、身振りはなしですが、表情をつくるのはOKです。首から上だけで表現してくださいね。では、どうぞ！

宿題やったの？

すごーい！　迫真の演技（笑）

なんだか怒ってる感じだったから「楽しそうに」とか「校長先生風に」ではなさそう。

3　答え合わせをする

お題一覧を見て、正解だと思う番号を指で出してください。○○さん、答えをお願いします。

正解は…、4の「えらそうに」でした！

え～、「お母さん風に」かと思ったよー！

正解者は…7人ですね。○○さんは7ポイントゲットです！　拍手～！　次やりたい人？

ハイハイハーイ！

たくさんいるね。だれが一番の名俳優かな？

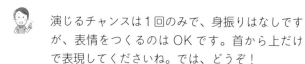

ムード！

■準備物

・セリフカードとお題一覧
・お題を決めるクジ用のトランプなど

1　出題者とお題を決める

俳優さんや女優さんのように、ある人物になりきってセリフを言う「ムード！」というあそびをします。みんなは、代表の人が何になりきっていたのかを当てます。演じてみたい人はいますか？では○○さんお願いします。お題を決めるトランプとセリフカードを引いてください。

セリフは「宿題やったの？」です。（お題は「えらそうに」かぁ）

お題一覧（例）

1	楽しそうに	5	色っぽく
2	アイドル風に	6	未来のロボット風に
3	ワイルドに	7	お母さん風に
4	えらそうに	8	校長先生風に

失敗を認め合い、共に成長する

【電子迷路】

おすすめ学年		
低学年	中学年	高学年

「絶対に失敗したくない」という完璧主義の子が、皆さんの学級にもいるのではないでしょうか。もしかしたら「自分がそうだ」という先生もいるかもしれません。

僕たちは自分の失敗には言い訳をするくせに、人が間違いを起こすとすぐに責め立ててしまいます。だから、極度に失敗を恐れてしまう人が多いのかもしれません。しかし、成長するために失敗は欠かせません。**教師として、子供たちには「失敗ははずかしいものではなく、学習の支えになるものだ」ということを伝えなければなりません。**もし教師が、正解を出した人だけをほめていたり、完璧ばかりを求めていたりしたら、「一度も失敗せずに成功することこそが重要なのだ」という認識を子供に植えつけかねません。

発明家のトーマス・エジソンは「私は失敗したことがない。ただ1000通りのうまくいかない方法を見つけただけだ」と言っています。バスケットボールの神様と言われるマイケル・ジョーダンは「私は9000本以上のシュートを外し、300試合で負けた。ウイニングショットを任されて外したことは26回ある」と言っています。どちらも、失敗したことを前向きに捉え、成長につなげようとしているよい例だと思います。

心のもち方（マインドセット）には次の2種類があると言われています。
①硬直マインドセット……自分の能力は生まれつきで、変わらないと信じている。
②しなやかマインドセット…自分の能力は努力次第で伸ばすことができると信じている。

同じ失敗をしても、「どうせ自分にはできない」と思うのか、「努力すればできるようになるはずだ」と思うのか、どちらが好ましいかは一目瞭然です。マインドセットは変えることができます。しかし、マインドセットを変えることは、想像以上に大変です。だからこそ、まだ頭が柔軟な子供のころからよいマインドセットをもてるよう、大人の導きが必要なのだと思います。

「電子迷路」では、何度も失敗を繰り返しながら友だちと協力して進んでいきます。「失敗は成功のもと」。この言葉の深さを子供たちに感じてほしいと思います。

じゃあ、ここをこうやってこう通って…と。

2　ゲームを行う

ルートがかけたらスタートです。最初の人が★に指を置いて、1マス分進みます。代表者は合っていれば「ピンポン」、間違っていたら「ブブー」と言います。ピンポンなら次のマスも進みます。「ブブー」なら次の人に交代し、★から再出発です。

じゃあ私からね。最初は右に行こうかな。

ピンポーン！

やった。じゃあ次も、右…？

ブブー！　はい、じゃあ次の人。

最初が右で、次は下だね。次は3択か…。右？

ブブー！

違うか〜。でも、少しずつわかってきたね。次、頼むね！

ゴールできたら、「失敗したときにどう感じたか」をそれぞれの立場で振り返って話してみましょう。また、代表者を交代してやってみましょう。

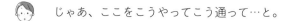

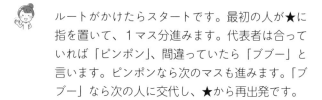

電子迷路

■準備物

・ワークシート

1　代表者が迷路の正解をつくる

「失敗は成功のもと」っていう言葉を体感できる「電子迷路」というあそびをしましょう！

紙に同じ図が２つありますね。切り離して片方をグループの代表者が持ってください。他の人に見えないように、迷路の正解のルートをかいていきます。★印がスタートで、線の上を通ります。４つの矢印のどこかにゴールしますが、同じ線は２度通らないようにします。交差するのも禁止です。

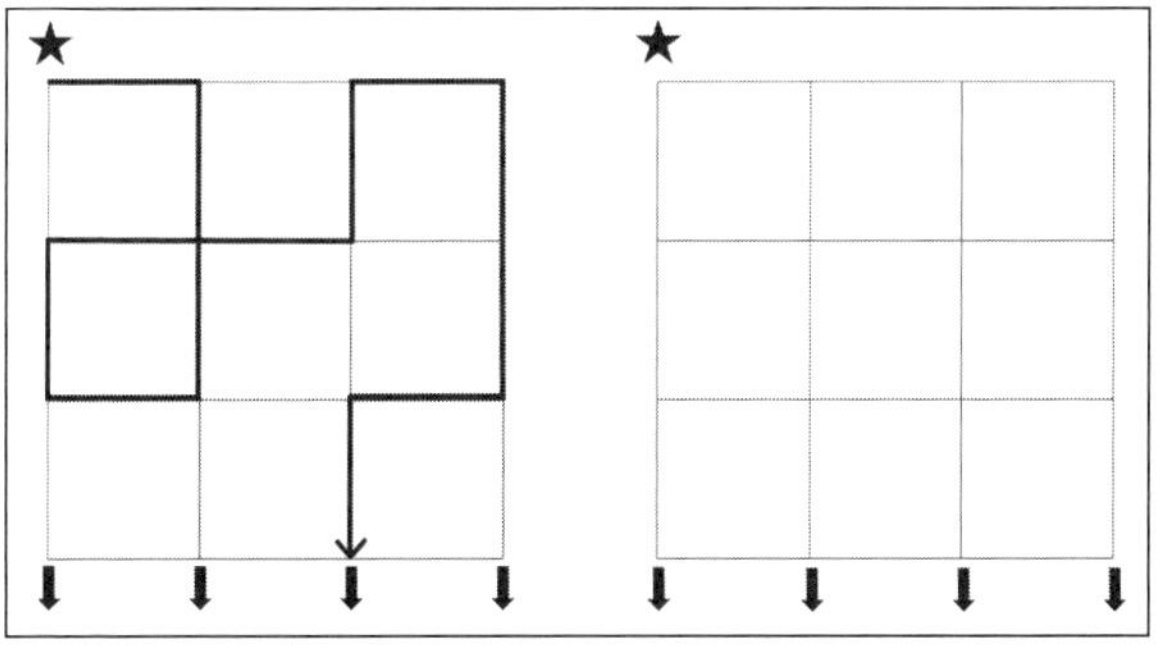

コラム

だれよりも
教師が楽しもう

「先生っていつも楽しそうだよね」と、子供たちにも教師仲間にもよく言われます。「楽しむ」ということは僕が大切にしていることなので、うれしく思います。

僕は体育の「表現あそび」や「表現運動」が好きです。動物になりきったり、火山を表現したりするあの単元です。でも、苦手だという先生も多くいます。きっと表現することを「はずかしい」と思っているからだと思います。先生がはずかしそうに踊っていたら、子供たちにも伝染します。全力で楽しそうに、一緒に踊ることが子供たちをのせるコツなのです。

第6章で紹介したあそびも同様です。教師の笑顔は子供たちに安心感をもたらします。子供たちと一緒に教師も楽しむという気持ちでやりましょう。僕がいつもイメージしているのは、ディズニーランドの「ジャングルクルーズ」というアトラクションの船長さんです。彼らはいつも全力で、楽しそうで、ユーモアにあふれています。「あぶなーーい、よけてよけてー！」という言葉には、こちらも笑顔になり、つられてよけてしまいますよね？

教師が楽しいと子供も楽しい。子供が楽しんでいると、教師は幸せを感じてもっと楽しい。そんな好循環をつくっていきましょう。

第7章
支え合う

仲間を信じることの気持ちよさを体験する【トラストウェーブ】

おすすめ学年		
低学年	中学年	高学年

これまで行ってきた様々な活動を通して、みんなで何かを一緒にやることの楽しさを感じたり、お互いの間に安心感が生まれたりしていると思います。その段階で、仲間との関わりをもう1段階深められる活動が、信頼関係に焦点を当てた活動「トラスト」です。

この活動では、「人を大切にする」「人を信頼する」「身体を支える」というようなことを通じて、**これまで築いてきた信頼感をさらに高めていくことができます。**「信頼する」ということを、ただの言葉ではなく、リスクを冒して挑戦したり相手の身体の重みを感じたりすることで、実体験として感じることができるわけです。

実施する際は、子供たちがクラスメイトにある程度の親しさを感じており、相手を尊重する意識をもっている必要があります。そのような雰囲気が育っていないときにトラストの活動をすることは、かえって逆効果になることがあります。**「普段からケンカばかりだから、この活動でお互いの信頼感を育みたい」ということでは、使ってはいけない活動**です。クラスの状況をよく分析して、必要だと感じたときに行うようにしてください。

本項で紹介する「トラストウェーブ」は、比較的身体的リスクが低いので、はじめての活動に最適です。この活動の様子を見て、次の活動をどうするか決めてみてください。

【ポイント】

・ふざけることは厳禁です。身体が危険なだけでなく、心の安全も失われるからです。実施する前には、担任が説話をしたり、クラス全員で信頼について考えたりするとよいでしょう。
・最初は、動きの確認のためにも教師が挑戦するようにします。その結果によっては、この活動を取りやめることも検討してください（例えば、子供たちがふざけて、わざと手をぶつけてきた、など）。

2　チャレンジと振り返りをする

では先生がやった後、出席番号１番の人から順にチャレンジします。怖い人はパスでも OK です。

じゃあ私からだね。ドキドキするなぁ。みんなお願いね！　準備はいいですか？

いいです！

歩きます！　　どうぞ！

はぁぁ、緊張したぁ～。

全員終わりましたね。振り返りをしましょう。

みんなを信じてたけど怖くてのけぞっちゃった。でも、ちゃんと手を上げてくれてうれしかった！

トラストウェーブ

■準備物

特になし

1　ルールを理解する

友だちを信じてチャレンジする「トラストウェーブ」という活動をします。この活動はスリルと達成感がある反面、油断すると危険につながることもありますから、集中してやりましょう。

え～、どんなのだろう。ちょっと怖いな…。

まずは全員で列になって、コースをつくりましょう。身長順に２列になって向かい合います。手をまっすぐに伸ばして、互い違いになるようにしてください。これでコースが完成です。このコースを、挑戦者が歩いて通り抜けます。みんなは、ぶつかる直前に手を上げて道を開けます。

手を上げるのが遅いと、ぶつかっちゃうんだね。

挑戦する人は安全確認をしてからスタートします。具体的には、「準備はいいですか？（いいです）」「歩きます（どうぞ！）」のように言います。

人を信頼する、人に信頼されることを体験する【トラストウォーク】

おすすめ学年		
低学年	中学年	高学年

日常生活で目隠しをする機会は、そう多くはないでしょう。パッと思いつくのは、スイカ割りぐらいでしょうか。そのスイカ割りも、体験したことがない子が結構います。ですから、子供たちは目隠しをする活動がとても好きです。やるときには、「ドキドキワクワクで待ちきれない！」という気持ちが伝わってきます。一方、見えないことへの不安や恐怖心もつきものですから、無理はさせないという配慮が必要です。

目隠しをしたままできる活動は意外に多く、ペアになって見えている人が指示をしながらおにごっこをしたり、互いに見えない相手を探し合ったり、障害物に当たらないようにコースを進んだりと、いろいろな楽しみ方ができます。中でも「トラストウォーク」は、目隠しの最初の活動におすすめです。ペアになって片方が目隠しをし、見えている人と一緒に校舎内を歩きます。普段どんなに元気いっぱいの子でも、目隠しをしている状態ではペアの相手にすべてを委ねるしかありません。この**「助けてもらう」「相手が安心できるようにする」という体験を通して、子供たちは人を大切にすることを学んでいきます。**この活動をして以降の生活で、子供の行動が変わってくることもありますよ。

【ポイント】

・歩くコースの設定は慎重に行ってください。教師の目が届く範囲で行うとよいでしょう。階段を使うことは避けた方が無難です。万が一のとき、大けがにつながってしまいます。

・注意していても、机や出入り口のドアなどにペアの子をぶつけてしまうことがあるかもしれません。自分のせいで痛い思いをさせてしまったと落ち込むかもしれませんが、ペアで話し合ったり振り返りを行ったりして、それも学びにつなげます。

・この活動では、特に振り返りを大切にしてください。連れて行ってもらったときはどう思ったか、相手が安心できるようにどんなことを心がけたか、などについて考え、シェアするとよいでしょう。

この先を右に曲がるよとか、段差があるよっていうのを、声に出して言ってあげるのも大切だと思う。

そうだね。黙って歩いていたら不安になるよね。歩くスピードもゆっくりがいいね。

2　注意点を確認してスタートする

教室を出て廊下の端まで行き、戻ってくるコースで行います。廊下は右側を歩いてね。そしてもちろん、ふざけないこと。ふざけてやるとけがをさせてしまうかもしれません。ペアの人を大事に大事に扱ってください。

じゃあ、教室を出るよ。段差に気をつけてね。

3　振り返りをする

お疲れ様でした。やってみて感じたり考えたりしたことを、振り返りシートに書きましょう。
（中略）発表してくれる人はいますか？

信頼してもらうこと、人を信頼して自分を任せることの心地よさを実感することができました。

修学旅行での班行動でも、この経験を生かしていきたいと思いました。

トラストウォーク

■準備物

・目隠し用のバンダナなど（ペアの数分）

1　ルールを理解する

今日はペアのうち１人が目隠しをして、一緒に校舎内を歩く「トラストウォーク」という活動をするよ。

目隠しをするんだ。ちょっと怖いかも…。

バンダナで目隠しをしますが、怖い人は目を閉じるだけでもいいですよ。不安なときには薄目にしたり目を開けたりできるからね。

それなら少し安心。

この活動は「信頼」がテーマですから、お互いの間に信頼感が生まれるように取り組んでみましょう。ペアで話をして自分たちが一番安心できる方法を探してみてください。

手をつないだり、腕につかまったりすれば、安心して歩けるんじゃない？

倒れる、支える活動を通して信頼関係を高める【トラストフォール】

おすすめ学年		
低学年	中学年	高学年

仲間を信じる心は、経験がないと生まれないものです。特に、**助けてもらった体験というのは忘れられません。**その経験を意図的につくるのが、「トラスト」の活動です。

トラストフォールは僕の思い出の活動で、大学生のときに野外教育を学ぶサークルではじめて体験しました。そのときは80㎝ぐらいの高さの台から後ろ向きに倒れ、それを10人ぐらいの人間ネットで受け止めるというものでした（小中学校での実施はおすすめしません）。体格がよく体重も重い僕のことを、仲間たちが支えてくれたうれしさは今でも覚えています。人間は恩をよく覚えているもので、いつかお返ししようと思うものです。サークルではこの体験をしたことにより、その後の活動でも助け合いの気持ちが生まれていきました。

クラスで体験した後は、振り返りの時間をもつようにしてください。倒れるときの葛藤や、信頼関係に変化があったかどうかなどについて、ワークシートに記入したりグループで輪になって話したりしましょう。

【ポイント】

・床にはマットなどを敷きましょう。倒れたときに机の角などにぶつからないよう、体育館などで行い、安全面には細心の注意を払ってください。
・倒れる人は、一本の棒になった気持ちでまっすぐに倒れることが大切です。膝が曲がったり、えびぞりになったり、腰が曲がっておしりから倒れたりすると、支える人が失敗しやすくなります。また、「怖かったら、いつでも片足を一歩引いて、身を守ってもよい」ということも伝えておきます。
・それでも怖がる子や体の大きい子に対しては、最初から手を背中に触れた状態でやったり2人で支えたりします。
・10㎝で成功したら、倒れる人と支える人の手との間隔を、20㎝、30㎝と広げてチャレンジしてみましょう。

安全のために、かけ声を２往復させてから倒れます。膝を曲げずに、まっすぐ後ろに倒れてください。支える人は、両手でしっかり受け止めます。

準備はいいですか？　　いいです。

倒れます。　　どうぞ。

支える人はクッションのように柔らかく支えます。そして、元の位置まで優しく戻してあげます（右図）。

では、体格が同じぐらいの人とペアになって、体験してみましょう。

2　振り返りをする

振り返りをします。活動中どんなことを考えていたかな？　倒れる前と後の気持ちはどうだったかな？　ワークシートに書きましょう。

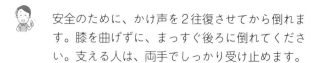

トラストフォール

■準備物

特になし

1　ルールを理解し、体験する

今日は「トラストフォール」という活動をします。トラストは信じる、フォールは倒れるという意味で、合わせると「信じて倒れる」となります。「信頼」がカギになりますよ。

信じて倒れるって、どういうことだろう？

相手が支えてくれることを信じて、後ろ向きに倒れ、それを相手に支えてもらいます。一度、見本を見せますね。ペアになって、支える人と倒れる人を決めます。

倒れる人が前、支える人が後ろに並びます。倒れる人は胸の前で腕をクロスして構えます。支える人は、足を前後に開いて安定感のある姿勢を取り、両手を前の人の背中から10cm ぐらいのところに出します。

これで後ろに倒れるんだ。怖そう…。

コラム

失敗してもいい、チャレンジしよう！

「本気でやった場合に限るよ。本気の失敗には価値がある」（漫画『宇宙兄弟』11巻より）

僕も今まで、たくさんの失敗をしてきました。印象的な失敗は、ある年の学級開き。「何かインパクトのある自己紹介をしたいなぁ。そうだ！　背中に好きなことを書いた紙を貼っておいて、いきなり倒立をするというのはどうだろう」

これはいい、絶対ウケるぞ！　意気揚々「僕の好きなことは、コレです！」と逆立ち。「おー！」という歓声は上がりましたが、倒立をすると紙を貼った背中は低い位置になることを失念しており、ほとんど読んでもらえず。結局、はがした紙を見せながら説明することにしましたが、はずかしさと逆立ちのせいで顔は真っ赤だし、汗も吹き出ていて、めちゃくちゃ笑われました。

あそんでいる途中でトラブルになり怒って終わったこともありますし、計画したあそびが思ったより盛り上がらなかったなんてことも多々あります。

「失敗は成功のもと」ということわざがありますが、失敗によって得られる経験値は、本気でやっていればいるほど多く得られると思います。最初からうまくいかないのは当たり前。下手でもよいので、どんどんチャレンジしてほしいと思います。

第8章
協力して課題を解決し、信頼関係を深める

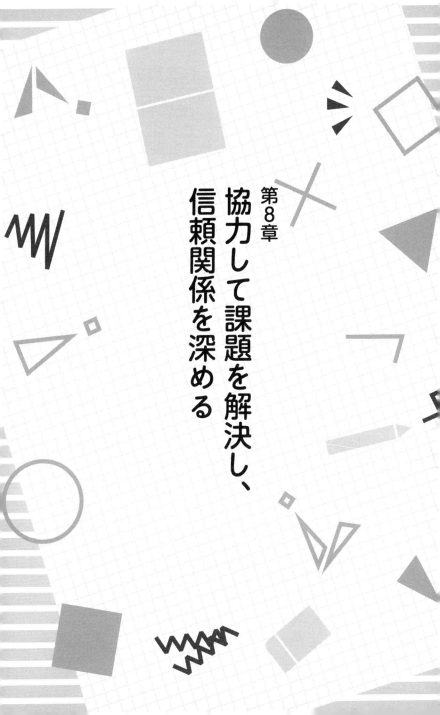

クラスの信頼関係を深める【マシュマロリバー】

おすすめ学年		
低学年	中学年	高学年

最終章では、課題解決をテーマにした活動を紹介していきます。4月の学級開きでは、お互いを知り合うことから始めました。それから様々な体験を通して、クラスの仲が深まってきたと感じられるようになったら、みんなで協力しなければ達成できないような課題解決型ゲーム（イニシアティブ）に取り組んでみましょう。

課題を解決するためには、身体を動かすことと話し合うことがポイントです。**自分の意見を言うだけでなく、人の話に耳を傾けて協力することも大切ですし、忍耐が必要なことを学ぶ場面もあります。**解決方法が1つでないため、様々なアイデアが生まれ、トライ&エラーで高めていくことも体感できます。そして最終的には、クラス全員が達成感を得られます。

このゲームでは、ちょっと気を抜くとマシュマロを流されてしまいます（先頭の子が投げて置いてしまう、後ろの子のことを考えずに1人で先に進んでしまう、最後の子が手で押さえないで足を離してしまう、など）。担任はしっかりチェックをして、発見したときにはすかさず「それ流されてるよ！」と指摘してマシュマロを没収してください。厳しくジャッジした方が、協力、失敗体験、達成感を味わいやすいと思います。

［ポイント］

・1チームは10人前後、チャレンジ時間は20分程度が最適です。
・マシュマロの数を増減することで難易度を調節することができます。クリアした後は、何人かが目隠しをしたり川の上ではしゃべれないようにしたりすると、高難度チャレンジになります。

［振り返りのキーワード］

・みんなで協力できた？　それはなぜ？
・マシュマロが減ってしまったとき、どんなことを考えた？
・この活動から学んだのはどんなこと？

川に落ちたらどうなりますか？

１人でも川に落ちてしまったら最初からやり直しですが、マシュマロを失っただけであれば続行可能です。

2　チャレンジをする

じゃあ作戦を考えよう！

マシュマロを投げ入れるだけでも流されちゃうんだよね？　足が届くようにそっと置かないとね。

それに、自分勝手に次のマシュマロにどんどん進んじゃってもだめだよ。みんなで１列になってつながろう！

じゃあいくよー！

マシュマロリバー

■準備物

・スポットマーカー（ジョイントマットでも可）

1　ルールを理解する

今までよりもっと高いレベルでみんなが協力しないとクリアできないゲームをしましょうか。会社で働く大人たちが、研修としてやることもあるゲームですよ。

すごい、やってみたい！

ここ（バレーボールのサイドライン幅）にはココアの川が流れています。みんなでピクニックに行くためには、この川を渡らなくてはなりません。そのために、この魔法のマシュマロ（スポットマーカー）の上を渡っていきます。でも、川はとても速く流れているので、マシュマロには必ずだれかが触っていないといけません。そうでないと、流されてしまって二度と戻ってきません。

マシュマロの数はグループの人数（10人程度）から２つ少ない数です。全員が川に落ちないで、向こう岸までたどり着けたらクリアです。

チームワークやコミュニケーション能力を高める【ストロータワーチャレンジ】

おすすめ学年		
低学年	中学年	高学年

チーム内で活発なコミュニケーションを図ることに重点を置いた活動が「ストロータワーチャレンジ」です。これは僕のお気に入りの1つで、ストロー12本とはさみ1丁だけでタワーをつくっていきますが、やるたびに驚きがあります。子供たちの発想力はすばらしく、大人では考えもつかなかった方法でタワーをつくることもしばしばです。ストローを縦に細長く切って、紐で縛るように使っていたのを見たときは衝撃を受けました。

このゲームでは、メンバー間で役割分担をすること、チームとしての作戦や方向性を決めること、多様な意見を尊重することなどを体験できます。4人で取り組むのにはさみは1丁しかありませんから、手持ち無沙汰の子が出ないようフォローや声かけが必要なこともあります。

また、ストロー200本、はさみ1丁、セロハンテープを使って行うロングバージョンもあります。テープで固定できることで戦略の幅が広がり、役割も増えます。90分程度の時間を取れるようなら、ぜひ挑戦してください。

重要なのは、1コマの授業の中で2回のチャレンジをすることです。**振り返りで学んだことをすぐに実践に生かすことができ、高速でPDCAサイクルを回す体験ができます。**おかげで、ほとんどのチームは2回目の方が高いタワーをつくることができます。

同様のゲームに、マシュマロとパスタを使う「マシュマロチャレンジ」やA4のコピー用紙だけでタワーをつくる「ペーパータワーチャレンジ」などもあります。どれも同じねらいで実施できるので、好みに合わせて選んでみてください。

【ポイント】

・はさみはストローを切るためだけに使います（土台の支えなどにするのは不可）。
・振り返りでは「これからの生活に生かしたいこと」という視点が大切です。

3　振り返りと２回目のチャレンジ

１回目のチャレンジは、40cm で１班の優勝です！　５分間の振り返りをしたら２回目のチャレンジをします。「よかったところ」「改善すべき点」「次の作戦」などについて話し合いましょう。

土台に切り込みを入れたのはよかったよね。Aさんナイスアイデア！　次も切り込みは入れよう。

高さが出てくると上の方が重くなって倒れちゃったから、そこをどうにかしたいよね。

２回目のチャレンジ15分をスタートします。１回目の反省を生かして、より高いタワーを目指してくださいね！

ストロータワーチャレンジ

■準備物

・ストロー（先が曲がるもの。グループ数×24本）
・巻き尺（1mものさしでもOK）

1　ルールを理解する

グループで話し合ったり協力したりしながら高いタワーを目指す「ストロータワーチャレンジ」という活動をします。4人組でストロー12本とはさみ1丁を使い、なるべく高い自立するタワーをつくってください。制限時間は、作戦タイムも含めて15分です。では、始めます！

2　チャレンジタイム（1回目）

つなげてもすぐ倒れちゃうよね。どうしよう？

やっぱり土台が大事だよ。安定させたいな。

切り込みを入れて開いたらいいんじゃない？

いいね。やってみていい？

そろそろ時間です。タワーを立ててください！

意見の一致を得ることの難しさと大切さを体験する【コンセンサスゲーム（NASAゲーム）】

おすすめ学年

低学年	中学年	高学年

コンセンサスとは「合意」のことです。このゲームはチーム（4人がベスト）で話し合いながら、全員が納得いく解答を目指していきます（多数決で決めてはいけません）。**反対意見をすぐに否定せず、まずは受け入れる姿勢を見せることが重要ですが、対立を経験するのも悪いことではありません。**自分の価値観と他の人の価値観が違っていることに気づき、どう対応していくのかを学ぶ機会になります。

このゲームでは、正しい答えを導き出すことができたかどうかではなく、グループの中で合意を得ながら話し合いを進めていけたかどうかを評価します。みんなが納得して答えを決められたグループは、個人の成績よりグループの成績がよい傾向になります。それは、ゲームだけでなく日々の生活でも同じことが言えるのだと伝えていきましょう。

【NASAの解答による順位と理由】

①酸素ボンベ（生きるうえで絶対に必要。重力が小さいので重さは気にならない）
②水（昼の月面は110℃にもなり、大量の水分が失われる）
③月から見た星座図（母船の場所など、進むべき方向を確かめる）
④宇宙食（エネルギーを補給するため。水よりは我慢できる）
⑤太陽光式FM送受信機（母船と通信できる。ただし近距離でしか使えない）
⑥ロープ（崖の上り下りや命綱で使える）
⑦救急箱（ビタミン剤や薬を摂取できる）
⑧パラシュートの布（太陽光を遮断するのに使える）
⑨自動で膨らむ救命ボート（炭酸ガスボンベが推進力として使えるかもしれない）
⑩発火信号弾（母船が見えたときに救難信号を送れるが、送受信機の方が確実）
⑪ピストル（発射の反動を推進力に使えるかもしれない）
⑫粉ミルク（エネルギーになるが、水が必要になるので宇宙食の方がよい）
⑬ポータブル暖房機（昼間は必要ない）
⑭方位磁石（月には磁場がないので役に立たない）
⑮マッチ（酸素がないので役に立たない）

ミッション。母船に無事たどり着くため、15アイテムの中で重要度の高い順に１から15までの順位をつけなさい。重要度が一番高いものが１です。

ゲームの流れは、①１人で考える（５分）→②グループで考える（20分）→③結果発表（10分）→④振り返り（５分）です。グループで話し合う際は、一人ひとりの意見を大切にして全員が納得して決めること。多数決やじゃんけんは禁止です。

2　個人→グループで順位を決める

グループで話し合おう。みんな１位は何にした？　酸素ボンベは絶対必要だと思うんだけど。

賛成！　酸素がないと生きていけないもんね。２位はどう？　私は信号弾にしたんだけど。

僕は水にしたよ。まずは水や食料で生き残ることが優先かなって。みんなはどう？

3　結果発表

ではNASAの解答を発表します。皆さんのつけた順位と比べて、その差を記入してください。合計点が少ない方が高得点になります。

個人よりグループの方が高得点になったよ！

コンセンサスゲーム (NASA ゲーム)

■準備物

・ワークシート、シナリオと模範解答

1　シナリオを読む

皆さんは宇宙船に乗って月面に着陸しようとしている宇宙飛行士です。月面には母船が待っているのですが、機械の故障で母船から約300km 離れたところに不時着してしまいました。衝撃で宇宙船は使用不能ですが15のアイテムは残っています。宇宙飛行士たちは「まずは重要なアイテムを見極めよう」「冷静に判断するため、はじめに各自で考え、最後は全員で話し合おう」と言いました。

	アイテムリスト	個人順位	グループ順位	個人順位差	グループ順位差	NASA模範解答
1	マッチ					
2	宇宙食					
3	ロープ（15m）					
4	パラシュートの布					
5	ポータブル暖房機					
6	ピストル（2丁）					
7	粉ミルク（1ケース）					
8	酸素ボンベ（45kg×2本）					
9	月から見た星座図					
10	自動で膨らむ救命ボート					
11	方位磁石					
12	水（20L）					
13	発火信号弾					
14	救急箱					
15	太陽光式FM送受信機					
			合計得点			

※宇宙食や水は、 宇宙服を着たまま摂取できるものとします。

リーダーシップについて考える
【風船列車】

おすすめ学年		
低学年	中学年	高学年

皆さんは「リーダー」というと、どんな人物像を思い浮かべますか。「常に先頭を走り、みんなを引っ張る優秀な人」というイメージを抱いている方も多いのではないでしょうか。きっと子供たちからも、そんなリーダー像が多く出ることでしょう。

「私についてきて！」と先頭に立って引っ張る人が「リーダー」だと思う人が多いわけですが、実はリーダーには様々なタイプがあります。フォローやアシストが得意で後ろから押すようなタイプのリーダーもいます。黙々と作業をして背中で語るようなタイプもいますし、異なる意見を上手にまとめながら間接的に引っ張る教師のようなタイプもいます。

大切なのは、**固定化したリーダー観にとらわれず、自分や仲間の強みを知って、それを生かすことでチームをまとめていくこと**です。

どのタイプがよい悪いではなく、それぞれによさがありますから、正解は1つではなくチームの数だけあることになります。「風船列車」のようにコロコロとリーダー役が変わる活動を通しながら、チームにとって必要なのはリーダーという1人の「人」ではなく、リーダーシップという「機能」なのだと気づくことができると、チームとして最高の状態になっていくでしょう。

【ポイント】

・ゴールまでの目安は20ｍぐらいが適当です。途中で曲がるコースにすると難易度を上げることもできます。制限時間は10～15分程度とし、振り返りに時間をかけましょう。
・振り返りを特に大切にしたい活動です。全体では「リーダーシップについて、どんなことを考えたか」「リーダーはどこにいて、何をしていたか」「それぞれの役割ってなんだろう」と意見を集めていきます。その後、様々なタイプのリーダーがいることを紹介して、「自分はどんなタイプのリーダーか」「自分はどうなりたいか」「理想のリーダーとはどのような人か」について考えるようにします。

途中で風船を落としたり手で触ったりしたら、スタートからやり直しです。その際、先頭だった人は列の一番後ろにいくようにします。

2　活動と振り返りを行う

行くよー。ちゃんとついてきてー！

もっとゆっくり歩いてよ～。あっ、落ちちゃった…。先頭交代だね。ねぇ、先頭以外にリーダーを置いた方がいいんじゃない？

確かに、後ろの方が声かけしやすいかも。

一番後ろの人がリーダーでやってみようか。

じゃあ、一番後ろの私が声かけするね。

活動終了です！　振り返りをしましょう。リーダーについて考えたことを教えてくれる？

風船列車

■準備物

・風船１人１個＋予備数個

1　ルールを理解する

今日はみんなに「リーダーシップ」について考えてほしいと思います。みんなにとって「リーダー」ってどんな人？

みんなを引っ張っていってくれる人。

グループをまとめられる人。

責任感のある人。

うんうん、いろいろなリーダー像があるよね。じゃあ活動をしながら、「リーダー」や「リーダーシップ」について考えてみてね。

８人のチームで１列に並んで、自分のおなかと前の人の背中の間に風船を挟みます。先頭の人は、風船を手に持ちましょう。これで風船列車の完成です。風船を落とさないように、ゴールを目指して進みましょう！

培ってきた信頼関係を発揮して課題に取り組む

【クモの巣】

おすすめ学年		
低学年	中学年	高学年

ここまで培ってきた信頼関係があるからこそ挑戦できる難易度の高い活動。それが最後に紹介する「クモの巣」です。僕がこの活動をするのは、卒業を間近に控えた6年生。それも、子供たちが互いに信頼し合える関係をつくれた場合に限る、と決めています。

この活動では「自分1人ではできなかったことも仲間の助けがあればできる」ということを強烈に体験することができます。「明るい未来に抜け出そう」というミッションを全員でどう解決するか。試行錯誤、チームワーク、信頼、コミュニケーション。それらすべてが高いレベルで試されます。

活動を見守っていると、たくさんのすてきな「支え」があることに気づきます。だれかを支える手、「大丈夫だよ」「失敗してもいいからやってみたらいいよ！」と背中を押す声。卒業しても忘れないでほしいことがこの活動にはたくさん詰まっています。

【ポイント】

・安全面には最大限に気を配ってください。参加者を持ち上げなければならなくなるので、他に身体を支える活動を行ったうえでこの活動を行います。

・持ち上げられる人は他のメンバーから丁寧に持ち上げてもらうようにします。自分の触れてほしくないところがあるときは、はっきりと伝えるようにします。支える人は、それを尊重します。

・ダイブしてクモの巣を抜けようとしてはいけません。

・クモの巣の穴の大きさと数が難易度に影響します。グループに適したチャレンジを提示するために調整してください（1グループは10〜15人程度が適切です）。

・最初の挑戦で課題を達成する必要はありません。大切なことは、ルール違反に知らん顔をしないことです。ルール違反をスルーして活動してしまうと、成功したときの満足度が小さくなってしまいます。厳格に行うように確認しておきましょう。

持ち上げて通すしかないんじゃない？　こっち側とあっち側で支えようよ。

この穴は簡単に抜けられそうだから、まずは１人通っちゃおうか。

あと１回分は最後の１人のためにとっておかないとね。こっちは手押し車の姿勢でいけそう。足を支えてくれる？

3　振り返りをする

みんなで振り返ってみよう。どんな声がけがうれしかったかな？　支えてもらった人、支えてあげた人はどんなことを考えていたかな？　これから大切にしたいことはどんなことかな？

クモの巣

■準備物

・高跳び用のバー（バドミントンの支柱でも可）
・ゴムひもを数本

1　ルールを理解する

もうすぐ卒業ですね。皆さんの前には明るい未来が広がっています。ですが、未来は常に順風満帆というわけではありません。時にはこの巨大なクモの巣のように、障壁が立ちはだかることもあるでしょう。

今日のミッションは、このクモの巣に触れないで、全員が向こう側に抜けることです。ただし１つの穴は２人までしか通れず、１度通過した人はこちら側には戻って来られません。クモの巣に触れてしまった人はやり直しです。さぁ、今までに培ったチームワークで、明るい未来に抜け出しましょう！

2　チャレンジをする

同じ穴は２人までかぁ。じゃあ、上の方の穴を通らないといけなくなるね。どうやって通る？

参考文献一覧

『楽しみながら信頼関係を築くゲーム集』高久啓吾（著）、学事出版、1998
『よくわかる学級ファシリテーション①』岩瀬直樹（著）、ちょんせいこ（著）、解放出版社、2011
『クラスのちからを生かす』プロジェクトアドベンチャージャパン（著）、みくに出版、2013
『クラスの人間関係がぐ～んとよくなる楽しい活動集』プロジェクトアドベンチャージャパン（編）、学事出版、2005
『プロジェクトアドベンチャーでつくるとっても楽しいクラス』岩瀬直樹（著）、甲斐崎博史（著）、伊垣尚人（著）、プロジェクトアドベンチャージャパン（監修）、学事出版、2013
『学級ゲーム＆アクティビティ100』甲斐崎博史（著）、ナツメ社、2013
『教職1年目の学級あそび大全』教師の働き方研究会（編）、明治図書、2022
『大人が楽しい 紙ペンゲーム30選』すごろくや（著）、スモール出版、2012
『対話でみんながまとまる！ たいち先生のクラス会議』深見太一（著）、学陽書房、2020
『つまらない普通の授業に子どもを無理矢理乗せてしまう方法』中村健一（著）、黎明書房、2014
『「やる気」を科学的に分析してわかった小学生の子が勉強にハマる方法』菊池洋匡（著）、秦一生（著）、実務教育出版、2019
『「ついやってしまう」体験のつくりかた』玉樹真一郎（著）、ダイヤモンド社、2019

『使える脳の鍛え方 成功する学習の科学』ピーター・ブラウン（著）、ヘンリー・ローディガー（著）、マーク・マクダニエル（著）、依田卓巳（翻訳）、NTT出版、2016
『思考力・読解力・伝える力が伸びる ハーバードで学んだ最高の読み聞かせ』加藤映子（著）、かんき出版、2020
『マインドセット「やればできる！」の研究』キャロル・S・ドゥエック（著）、今西康子（訳）、草思社、2016
『失敗の科学―失敗から学習する組織、学習できない組織』マシュー・サイド（著）、有枝春（訳）、ディスカヴァー・トゥエンティワン、2016
『今いる仲間でうまくいくチームの話』長尾彰（著）、学研プラス、2019
『「完璧なリーダー」は、もういらない。』長尾彰（著）、学研プラス、2018
『幸せな未来は「ゲーム」が創る』ジェイン・マクゴニガル（著）、早川書房、2011

おわりに

本書を執筆するにあたって、学生時代から学んできた野外教育や冒険教育についてもう一度はじめから学び直しました。多くの書籍を読み直しましたし、今まで言語化できていなかった自分の思いを文章化することは思ったよりも大変な作業でした。本を書くというアウトプットをすることで、自分の力を伸ばすことにもつながりました。この本のノウハウが、学級経営に悩む先生方の助けになることを願っています。

僕は学生のころから、いつか本を出したいという夢をもっていました。でもずっと、その夢をだれにも話しませんでした。絶対こう言われると思ったからです。「えっ、お前が？」と。

40歳になろうかというころ、ある本がきっかけで、バケットリスト（死ぬまでにやりたいことリスト）をつくりました。「フルマラソンを完走する」「ロケットの打ち上げを見る」「沖縄に住む」など、１００個書いた夢のうちの1つが「本を出版する」でした。それから、僕の挑戦が始まりました。

「大人の本気を見せる」

これが、本書の執筆が決まったときに心に決めたことです。現代の子供たちは、「どうせ自分にはできない」と、硬直マインドセットに囚われている子が多いと感じます。そんな子供たちに、親として教師として伝えたいことは**「やればできる！」**ということです。

子供たちが勉強をするようになる一番の方法。それは、「親が横で一緒に勉強をすること」だそうです。ちょうど息子の受験勉強が佳境に入っていたところに出版のオファーを受けたこともあり、本書の執筆をするのは専ら勉強をしている息子の横でした。半年間、毎日のように一緒に机に向かったのも、今ではよい思い出です。

本書を出版するにあたって、たくさんの方に感謝の意を表したいと思います。

明治図書出版の矢口郁雄氏。「単著を出したい」という僕の願いを叶えてくださり、心から感謝します。企画や構成、原稿提出後の校正などご尽力賜りました。おかげで満足のいく本になりました。

今まで担任してきて、一緒に学んだりあそんだりした子供たち。あなたたちとの時間がなければ、この本はでき上がりませんでした。

妻と子供たち、いつも応援してくれてありがとう。原稿の下書きを読んで的確なアドバイスをくれたこともとても助かりました。大人の本気、見せられたかな。

本書を執筆中にお亡くなりになった大学時代の恩師、大出一水先生。学生時代に先生のもとで学んだことが、教師としての自分の礎になっています。

妹には無理を承知で挿絵をかいてもらいました。素敵なイラストをありがとう。

最後になりましたが、この本を読んでくださったあなたへ最大限の感謝を。あなたが幸せな教員生活を送り、学級から子供たちの笑顔があふれることを心より祈っています。

それでは、息子の受験が一段落したちょうどこの日に、僕も筆を置きます。

2024年2月

北川雄一

【著者紹介】

北川　雄一（きたがわ　ゆういち）

1980年生まれ。東京都公立小学校教諭。大学在学中に野外教育と出合い、野外教育、冒険教育、レクリエーション、ファシリテーションなどを学ぶ。キャンプ指導員、スキーインストラクターなどを経て2009年より現職。

■著書

・『みんなが楽しい学校レクリエーション』全４巻（案・監修、岩崎書店、2022年）
・『なやみとーる〔ききめ〕おなやみ解決・はげまし』全５巻（監修、岩崎書店、2018年）　ほか

〔イラスト〕

北川　佳奈（きたがわ　かな）

1984年東京生まれ。2016年絵本『かがり火』（青柳拓次・文）刊行。2020年『シャ・キ・ペシュ理容店のジョアン』で第28回小川未明文学賞大賞受賞。出版社勤務を経て、現在フリーの児童文学作家、イラストレーターとして活動中。

あそびで育てるクラスづくり

2024年４月初版第１刷刊　©著　者　北　川　雄　一
発行者　藤　原　光　政
発行所　明治図書出版株式会社
http://www.meijitosho.co.jp
（企画）矢口郁雄（校正）大内奈々子
〒114-0023　東京都北区滝野川7-46-1
振替00160-5-151318　電話03(5907)6701
ご注文窓口　電話03(5907)6668
＊検印省略　組版所　広研印刷株式会社

本書の無断コピーは，著作権・出版権にふれます。ご注意ください。

Printed in Japan　ISBN978-4-18-336329-9

もれなくクーポンがもらえる！読者アンケートはこちらから →

子どもがいきいきと活動する学級には

先生の指示ではなく、優れた仕組みがある。

有松 浩司【著】

子どもがダイナミックに動いている学級には、教師の指示ではなく、計算し尽くされたシステムがあります。学級開き、朝の会から、授業のはじまり・おわり、当番・係活動、帰りの会、教室環境、宿題まで、自治的なクラス、進んで動く子どもを育てる為の全システムを徹底解説！

240ページ／四六判／定価2,266円(10%税込)／図書番号：2238

明治図書　携帯・スマートフォンからは **明治図書 ONLINE へ** 書籍の検索、注文ができます。▶▶▶

http://www.meijitosho.co.jp　＊4桁の図書番号で、HP、携帯での検索・注文が簡単に行えます。

〒114－0023　東京都北区滝野川7－46－1　ご注文窓口　TEL 03－5907－6668　FAX 050－3156－2790

1年間
まるっと
おまかせ！

小学校担任のための学級経営大事典

学年別
学級経営書籍
販売部数
第1位
ジュンク堂書店　シリーズ累計部数
（教育／学級経営）
集計期間：2019/3/1～2023/4/30

人気 No.1 シリーズが
さらにグレードアップ！

192ページ／A5判／定価 2,090円（10%税込）
図書番号：3701～3706

明治図書　携帯・スマートフォンからは 明治図書 ONLINE へ　書籍の検索、注文ができます。▶▶▶
http://www.meijitosho.co.jp　＊4桁の図書番号で、HP、携帯での検索・注文が簡単に行えます。
〒114－0023　東京都北区滝野川7－46－1　ご注文窓口　TEL 03－5907－6668　FAX 050－3156－2790

明治図書　携帯・スマートフォンからは **明治図書 ONLINE へ** 書籍の検索、注文ができます。▶▶▶

http://www.meijitosho.co.jp

〒114−0023　東京都北区滝野川７−46−１　ご注文窓口　TEL 03−5907−6668　FAX 050−3156−2790